暨南大学与华侨教育

暨南影像集

JINAN DAXUE YU HUAQIAO JIAOYU
JINAN YINGXIANG JI

罗志欢 李炳球 刘强 编

齐鲁书社

图书在版编目（CIP）数据

暨南大学与华侨教育. 暨南影像集/罗志欢, 李炳球, 刘强编. --济南: 齐鲁书社, 2019. 10
ISBN 978-7-5333-3727-8

Ⅰ. ①暨… Ⅱ. ①罗… ②李… ③刘… Ⅲ. ①暨南大学—校史—摄影集 Ⅳ. ①G649. 286. 51

中国版本图书馆CIP数据核字(2017)第024428号

策划编辑：刘　强
责任编辑：周　磊
装帧设计：李　生　赵萌萌　刘羽珂

暨南大学与华侨教育·暨南影像集
罗志欢　李炳球　刘强　编

主管单位　山东出版传媒股份有限公司
出版发行　齊魯書社
社　　址　济南市英雄山路189号
邮　　编　250002
网　　址　www.qlss.com.cn
电子邮箱　qilupress@126.com
营销中心　（0531）82098521　82098519　82098517
印　　刷　山东临沂新华印刷物流集团有限责任公司
开　　本　700mm×1000mm　1/16
印　　张　19.25
插　　页　2
字　　数　280千
版　　次　2019年10月第1版
印　　次　2019年10月第1次印刷
标准书号　ISBN 978-7-5333-3727-8
定　　价　98.00元

序

暨南大学的前身暨南学堂，肇造于清朝晚期，迄今百又十年。

“周虽旧邦，其命维新。”暨南学堂诞生之时，世道浇漓，人心思变。彼时之江宁，彼时之中华，溪云初起，山雨欲来，正处于陵替之前夜。近代教育蹒跚起步：新式教育如春风微兴，日渐向暖；旧式教育如秋雨飘摇，仍有温存。深受修齐治平思想浸润的开明之士，有感于海波微澜，侨胞拳拳，基于故园之心，“弘济苍生，其益多；肇造区夏，其功大”。“暨南”于斯开篇。

盖自创设，暨南学堂即饱受乱世困顿，颇遭战火袭扰，终以其闪烁光辉，树立华侨教育铭牌。暨南学堂（大学）时历清末、民国，见证清朝陵替、革命军兴、日寇侵华等事件，地迁宁、沪、闽等，然文脉不绝，风雅不失，数度复兴，玉汝于成。一代代暨南人，筚路蓝缕，奋而兴教，举民族文化振兴大旗于兵燹之中，辟中华文明远播途径于浩瀚以外，四海溥及，远而徕之；千里长沙，文而化之。侨胞递延，诗礼承传，暨南大学有其力焉。

“言之无文，行而不远。”余等校友，面对敦厚巍然之暨南丰碑，面对桃李丰硕之芳华母校，面对华侨教育之方兴未艾，崇敬油然而生，是思文以系之。

人事有代谢，往来成古今。百余年之暨南，留下了如许可歌可泣之英烈篇章，令人难忘。余等不敏，仰诸文心，亦敬前辈暨南人挽民族文化丰碑于不倒之热忱、得天下英才而培育之情怀，是以谨秉广文弘教风旨，持忠信笃敬理念，旁搜辑集，以“暨南大学与华侨教育”一题，择文存真，成《华侨教育集》《学人研究集》《暨南影像集》《暨南讲演集》《校史资料集》《图书馆史料集》,凡六集。六集以学术和史料统筹阐扬暨南大学之优秀学术传统,彰显暨南大学与华侨教育之深厚渊源,是以献于百余年暨南母校,亦报母校养育厚恩于万一。

“读史者,考实录。通古今,若亲目。”“戒之哉,宜勉力。”是为絮烦之言叨列于前。

编　者

丙申年葭月

前 言

一、“暨南大学与华侨教育”之《暨南影像集》以图片的形式，反映1906年至1949年暨南景象或暨南校友的活动，根据图片内容分为六类：校园景观、体育运动、社团活动、考察交流、师生影踪、童军生活。

二、各类图片大致以刊登时间先后为序，个别以照片所署时间编排，排版时为适应版面要求也会打破时间顺序。原有标题及说明文字基本照录，部分做了改动。部分图片注明出处。

三、本集图片多取自报刊杂志，时间久远、纸张老化、颜色变淡等原因，部分照片清晰度不高，甚至模糊不清，以借图存史计，仍予适当收录。望读者谅之。

目　录

建阳时期(1941 年夏—1946 年夏)

复员回沪时期(1946.3—1951.6)

体育运动

南京时期(1906—1923)

真如时期(1923.9—1937.8)

目录

社团活动

南京时期(1906—1923)

真如时期(1923. 9—1937. 8)

考察交流

南京时期（1906—1923）

真如时期（1923.9—1937.8）

师生影踪

南京时期(1906—1923)

真如时期(1923.9—1937.8)

校园景观

南京时期（1906—1923）
真如时期（1923.9—1937.8）
建阳时期（1941年夏—1946年夏）
复员回沪时期（1946.3—1951.6）

撮影地　南京薛家巷本校大門外　撮影時　中華民國六年十一月

暨南学校筹办处开幕摄影

列左右两旁者为本校筹办处职员。列中央者为筹办前寄宿本校之华侨学生
（《中国与南洋》，1918）

校内风景（1）

校内有池，植荷其中，朱栏四绕，古木环列，为本校风景绝胜处。右岸新辟果园，有本校职员学生手植之纪念树焉。中央水清如镜，微有涟漪者，荷池也。现已荷叶田田矣
（《中国与南洋》，1918）

校内风景（2）

荷池之西有小桥焉。桥之左怪石嶙峋者为假山，假山之左有小阁，翼然立于古木交荫之中，为音乐室。每值课罢，夕阳在山，余霞映水，诸生或登楼鼓琴，或欹石静思，逸兴陶然，意殊自得

（《中国与南洋》，1918）

暨南学校教员预备室

教员授课必须有静穆之处所为完全之准备，故本校特辟爽垲精洁之处为教员预备室

（《中国与南洋》，1918）

暨南学校教务室

教务室为本校教务之中枢，室中之右桌为校长席，右席之左为学监席，中间之长桌为教职员会议处，其余文牍、庶务、书记各员均设席，室中以取合办公之意而期指臂运用之灵

（《中国与南洋》，1919）

暨南学校题词

南京暨南学校夏景

荷花池（1）

荷花池（2）

运动场

操 场

荷花亭

荷花池侧之石景石路

金陵名胜之国立暨南学校

南京暨南学校之雪景

尚节亭与水

（龚冰苓《上海近代高校校园发展研究》，2009）

国立暨南学校校舍

国立暨南学校第一教室

国立暨南学校膳堂

国立暨南大学全景

在上海真如

国立暨南大学宿舍

真如暨南学校苏军司令部

国立暨南大学校景

暨南大学洪年图书馆

暨大实小小暨南市动物园

暨大实小小暨南市植物园

暨大实小小暨南市图书馆

暨大实小童子军

上海的学府 · 暨南大学

暨南大学图书馆

国立暨南大学之新建设·洪年图书馆

国立暨南大学之新建设·中学部大教室

国立暨南大学之新建设 · 大学部寄宿舍

国立暨南大学之新建设 · 初中部寄宿舍

致远堂

科学馆

洪年图书馆

中学部宿舍

总办公厅

校园尚节亭

暨南新村教职员住宅

大礼堂讲坛

国立暨南大学之大建筑物·科学馆

国立暨南大学之大建筑物·大教室

暨南大学被敌毁之一角

真如暨南大学被毁

暨南大学门前落一飞机炸弹炸毁之汽车

暨南大学被炸一角

暨南大学日军撤退图（1）

暨南大学日军撤退图（2）

日兵退出暨南

五月廿三日
寇軍退出真
如暨南大學
唯校舍多被
毁(申時社)

五月廿三
日收復真
如校舍重
見小犬阿
六別四閱
月矣

復關既見涕
猶漣處處驚
飛草長天斷
齕蕐羊奔凋
底餘留一犬
出風前舞嫺
既馬撾韃鼓
鳴警倉庚勸
管絃來到上
庠文鶴地花
開戰血綴長
川(一鶚)

日兵退出暨南

日军自真如暨南大学撤退

战后之暨南 · 上海大学部第一院校舍

战后之暨南 · 上海大学部第二院校舍

战后之暨南·国立暨南大学中学部师生全体摄影

暨南风景一瞥 · 莲韬馆尚节亭

暨南风景一瞥 · 疑无路

暨南风景一瞥·大学部办公厅

暨南风景一瞥·科学馆

暨南风景一瞥·洪年图书馆

真如暨南大学

本室校具毁弃室外

室内账据狼藉满地

“一·二八”沪战时本室（国立暨南大学会计师代办会计出纳室）被日军捣毁之一般

（《国立暨南大学五年来财务报告》）

校 门

大礼堂

[《暨南校刊》第176号（大学成立九周年创校三十周年纪念专号），1936]

文商学院

理 学 院

[《暨南校刊》第 176 号（大学成立九周年创校三十周年纪念专号），1936]

校门内外二幅（真如）

尚 节 亭

风光明媚的桃树浦

理 学 院

文商学院

杨家桥

银色真如

雪　径

农 舍

水 塔

真如校景

(《新加坡暨南校友会四十四周年纪念特刊》，新加坡暨南校友会，1984)

暨南大学校门前之光波
（龚冰苓《上海近代高校校园发展研究》，2009）

校园的标志性景观——大香樟
（龚冰苓《上海近代高校校园发展研究》，2009）

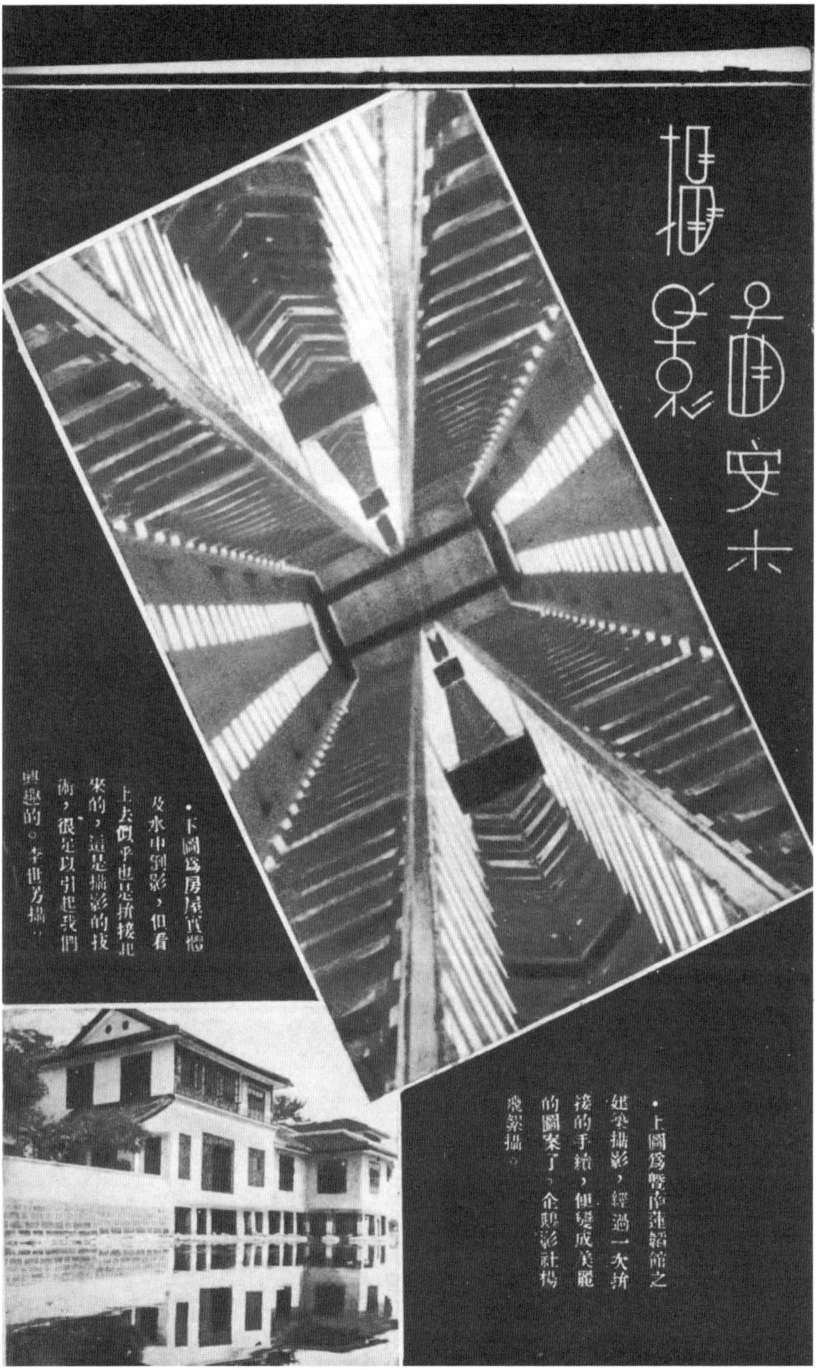

图案摄影·暨南莲韬馆之建筑摄影

暨南新村与小溪的自然景观

（国立暨南大学编《国立暨南大学创校三十一周年完成大学十周年纪念刊》，1937）

真如暨南大学一瞥

真如暨南大学被炸之情形

暨南大学图书馆被炸

暨南大學圖書館被炸。

Ruins of the library of the National Chinan University.

真如暨南大学科学馆被日机投弹炸毁

校 门

奎星阁

“声教南暨”

康乐馆（建阳）

礼堂侧影

学生宿舍（建阳）

教员新村

建阳暨大校景木刻 · 北望校部文庙
(《何炳松与故乡图文集》, 2006)

校舍鸟瞰
(《新加坡暨南校友会四十四周年纪念特刊》, 新加坡暨南校友会, 1984)

建阳暨大校景木刻·大学之道

（《何炳松与故乡图文集》，2006）

建阳暨大校景木刻 · 大礼堂

（《何炳松与故乡图文集》，2006）

建阳暨大校景木刻·校长室附近
（《何炳松与故乡图文集》，2006）

建阳暨大校景木刻·图书馆门前

（《何炳松与故乡图文集》，2006）

建阳暨大校景木刻·体育部门前

（《何炳松与故乡图文集》，2006）

建阳暨大校景木刻·暨南医院

（《何炳松与故乡图文集》，2006）

建阳暨大校景木刻·童游渡

(《何炳松与故乡图文集》，2006)

第一院教室（1）

第一院教室（2）

第一院办公厅、学生宿舍

第一院大礼堂

第一院走廊

第二院教室（1）

第二院教室（2）

第二院走廊、学生宿舍

第二院办公厅

第二院大礼堂旁走廊

第二院之文法学院

第一院之礼堂

第一院之理学院

第一院鸟瞰图

第一院大门（东体育会路）

第二院之游泳池

上海校景（战后）（1）

上海校景（战后）（2）

上海校景（战后）（3）

体育运动

南京时期（1906—1923）
真如时期（1923.9—1937.8）

南京暨南学生踢球会摄影（1）

南京暨南学生踢球会摄影（2）

国立暨南大学小虎队篮球队摄影

本校春季运动会场中一览

女生跳高杨琳之姿势

暨南大学足球部职员一览

曹裕之撑竿跳高开暨南之新纪录

(《暨南周刊》, 1928)

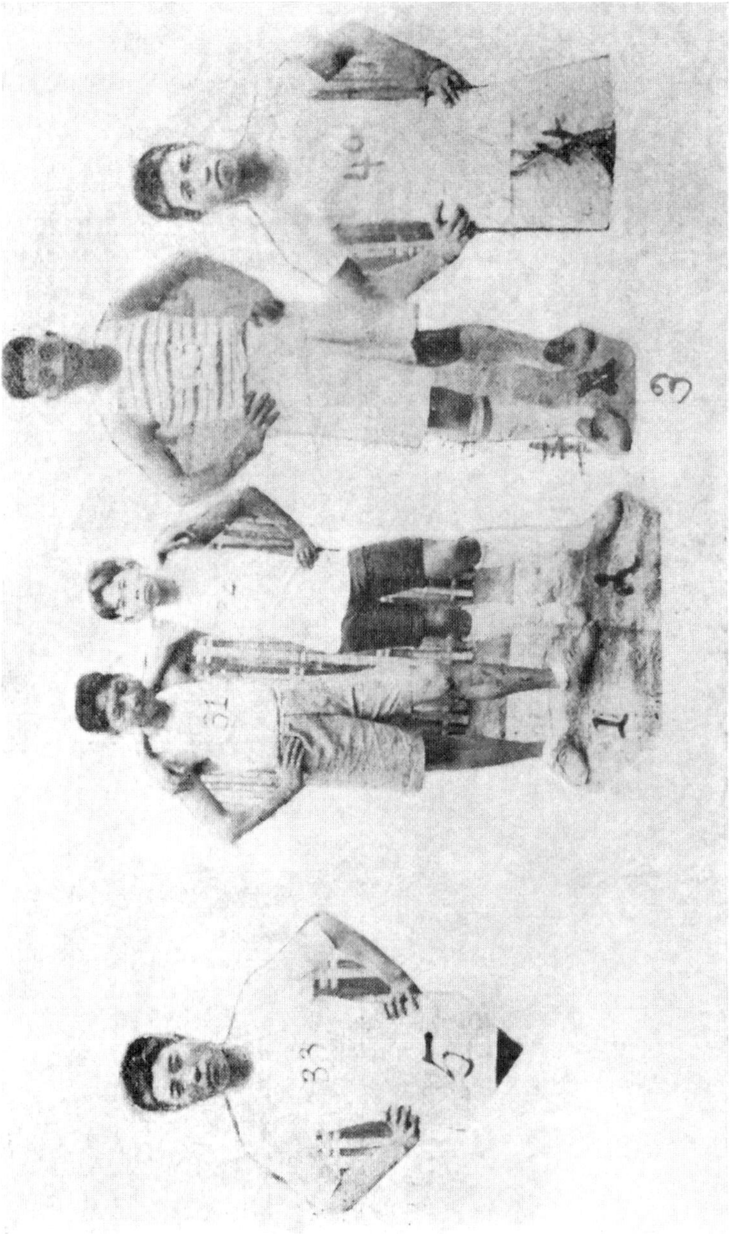

本校校工运动会之健将

乙组个人第一之林亚砦

童子军救护之忙碌

（《暨南周刊》，1928）

民国十三年本校球队之四健将

暨南女子篮球队
（《暨南周刊》，1928）

夺得上十及苏州第七届中学联合会篮球锦标之暨南附中
坐于前者：吕夫龙　许荣水　李城元　林勇南　王振芳
立于后者：赵百欢　梁国材　冯启新　林有美　周睦盛　周庚严　石　颎　蔡国平

夺得本校科际篮球队

前排：吴序茂　许荣水　林钢熙（队长）　何添福　邵焕南

后排：韩作林（管理）　陈文福　杨树声　陆敬德　王南琛　李城元（指导）

本校體育教授

陳秉祥　馮運佑　梁官松先生　陳鎮和　符和萱

上海乐华足球队健将之本校球员

此次乐华足球队赴菲列滨比赛得胜而归，其中队员本校同学五人，教授一人，系该队队员，故乐华队所得之荣誉，亦本校之光也。此片乃旅菲本校同学欢送该队中之本校球员。尚有陈家球君因事不克赴会故未与之共影

一千五百米赛跑开始赛比之情形
（X者为陈君镇和）

持志排球队与本校排球队开始比赛之情形

一九二八年暨南乙组足球队

（《暨南校友会新会所落成暨新加坡开埠一百五十周年纪念特刊》，新加坡暨南校友会，1970）

一九二八年江南八大學冠軍暨大甲組足球隊

梁國材 吳炎章 江善敬 莊世鴻 林松發 梁官濂 謝全和 溫官茂 劉始贊(作者) 傅禧仁
梅洪賓 寗榮文 陳家球 馮運佑 陳鎮和 陳秉祥 楊保森

一九二八年江南八大学冠军暨大甲组足球队

（《暨南校友会新会所落成暨新加坡开埠一百五十周年纪念特刊》，新加坡暨南校友会，1970）

本校甲组球员全体

本校乙组球员与交大乙组球员合影

陳君家球，天生成一個足球家，他從南洋來暨南的時候是一個小孩子，不過他的球藝在南洋已經出了名，最是活潑伶俐，球術早臻上乘，和人搶起球來，左撞右撞，球總還是陳家的，去歲隨本校南遊隊出發南洋比賽，又代表樂華隊赴菲島遠征，球藝越發登峯造極，性喜吃糖，無論何時何地都糖不離口，任甲組中鋒，年二十，五呎三吋高，粵籍。

暨南大学校友·足球队员“To-Me-Ti-Le”

Darky

頭紮白布，精悍絕倫，衝鋒陷陣，無人敢攔之小黑炭陳鎮和。

暨南大学校友·足球队员“Darky”

战胜光华后之暨南啦啦队

梁君官濂粵產，現年二十三歲，高度五呎六吋，係本校體育指導梁官松先生之令弟，充任守門職位，運籌網膜，穩重第一，接球如磁石吸鐵，有門簾之目，性喜音樂，善奏洋笛，

黑旋風陳鎮和，海上有名之球閥也，天生一具銅皮鐵骨，奔馳戰場中，從未疲乏，敵方對之，嘆爲打不殺的李逵，年方二十二，籍閩，高度五呎四吋有奇，現任本校甲組足球隊副隊長，充右內鋒職。

暨南大学校友·足球队员“Darky—Molong”

溫官茂君，甲組之右前衛也，看管敵人，哇步不離，年雖二十三，但性最稚，有時稚氣發作，一如三歲孩子，小朋友最多，善音樂，高度五呎四吋，來自粵，頭上童山濯濯，人多呼爲老頭子或Meong，罕有呼其正名者。

明太祖的渾名，由來久矣。據說暨南在甯時，陳秉祥君尙極幼，因面部較修，酷似朱元璋，故名，太祖閩產，二十二歲，高度五呎三吋，任甲組左翼職，踢得一脚好旋球，馳騁，接濟，傳中，球俱工，與黑炭氣味相投，球藝亦最搭擋，性喜笑，每見熟人，輒格格不休焉。

暨南大学校友 · 足球队员“明太祖—Meong”

黃懋任君，甲組左衛也，球藝穩健，身長五呎有半，行年二十五歲，桂籍，能拚老命，目短於視，戰場中猶攜日鏡往，常因頭頂球而失落其鏡，狀至可噱，亦足球聲中之別緻也。

符和嘗君任甲組左內鋒或左翼，雙脚矯捷活潑，盤球，射擊二事，最有火候，傳聞某大學的守門員最忌此君，去冬某次比賽時，和嘗落場不十分鐘卽負傷出場，聞係被人所暗算云，才高者易見忌於人，由此可見，君年二十二，五呎二吋高，籍粵，

暨南大学校友·足球队员“Okoe—Dr.Wong”

馮君粵籍，現年二十四歲，高度五呎四吋，現任本校甲組足球隊隊長，充右衛職位·爲人沈默寡言，智勇兼全，坐鎮家門，安如泰山。

暨南大学校友·足球队员“大伯公”

……中堅莊世鴻，處處均見稱職將戴麟經看得伏伏貼貼，實後起之秀，亦可謂埋沒英雄，此人海上無雙，大可重用……將來中華及華東隊中堅一職，無人可以蓋罩……（時事新報）

莊君粵籍，二十三歲，高度五呎六吋。

楊保淼君，甲組左內鋒也，身長五呎三吋，生得一表人才，交關漂亮，肚子與常人無異，但同學們都起他一個橡皮肚的綽號，不知何故，啦啦歌中有橡皮肚吃了六碗飯之句，豈因其健飯而得名歟？君年僅廿、粵產，球藝精銳無匹，善打水球，場地濘滑，漫無顧忌，南遊時極負盛名。

暨南大学校友·足球队员“橡皮肚—摩洛哥”

童榮文君，粵籍，現年十九歲，爲甲組球員中最年輕者，充右內鋒職，身長五呎二吋，勇敢絕倫，球藝深造，前途未可限量。

巴路亞梅洪寶者，最先攻進交大球門之翹楚也，身輕如燕，疾馳如飛，爲華東著名之長跑家，球術刁鑽古怪，入化出神，以之任甲組右翼，眞不啻爲該隊之鳶翼焉。性活潑，喜文學，常加入團體中演文明戲，暇時常燒肉吃，高五呎二吋，年廿，粵人，現入大學部生物學系。

暨南大学校友·足球队员“Baloe—亚文”

張君幹才，粵籍，本校乙組足球隊之領袖也，此君球藝，早已炙膾人口，列入甲組，綽有餘裕，然所以仍留乙組者，蓋乙組雖濟濟多士，第多新進，缺乏老練，張君一去，深恐失去重心也，本屆兩次與光華交大交鋒，此君鎮壓全師，把一個球門保守的清清白白，其功有足多者，君年二十二，長五呎六吋，任職內衛，南遊隊南征時，張君亦隨往表演，南洋仕女，嘆爲觀止云。

暨南大学校友·乙组足球队长张干才

暨交两校队员合摄

比赛中之要人

（左）巡边员　梁官松
（中）评判员　李惠堂
（右）巡边员　黄文建

（1）暨南京剧社欢呼队于赛前化装游行球场一周

（2）暨南女欢呼队赴门首欢迎交大全体同学以示敬意

（3）肃立门首预备欢迎之情形

暨交球战之洋洋大观

暨南光华甲组剧战情形

暨南乙组球员攻打光华球门

暨南交大球员未赛球前，评判员验阅球鞋有否钉钩，恐球员有暗伤敌方球员之行为

暨南交大足球队队员全体摄影

暨南女歡呼隊

兩傍曲立者

右爲正隊長蔡國平，左爲副隊長江宗馨

暨南女欢呼队

暨南童子軍

本校童子軍全體隨球隊出發遠征光華，在場維持秩序，圖中坐者俱是，頭戴高帽立在前面者則拉拉隊長江宗馨君也。

暨南童子军

交大啦啦队之旗帜与暨南化装欢呼队相映成趣

黑旋风杀得性起，益见锐利非凡，片刻间，又得陈符之助，攻入一球

“摩洛哥”自中区遥试头脚

……中坚庄世鸿接济全场，球艺难能可贵……

暨大足球队及其战绩

No. 658, THE EASTERN TIMES PHOTO SUPPLEMENT PUBLISHED THURSDAY & SUNDAY

十九年五月一日 MAY 1, 1930.
每逢星期日星期四隨時報附送
第六百五十八號

圖畫時報

徵求國際國家地方社會紀事.名人.閨秀.科學.體育.遊藝.時裝.美術.考古.遊覽.古跡.名勝.風俗.人種.動植物以及種種珍奇特異照片.凡足以增閱者之興趣者.本報異常歡迎.酬金從優.如有必須寄回之照片.請於背後寫明住址.以便檢還

暨大徐晳英女士擲鉛球 (W)
Shot put throw by Miss Zo Che-ying of Che-nan Univ.

暨大陳玉芷女士擲鐵球之姿勢
Shot put throw by Miss Chen Yu-tze.

暨大鄧名尚五十米及鉛球第一
Miss Teng Ming-chang, both 1st. 50 m. run & shot put.

暨南大學運動會運動員 (W攝) 網球家李蓮跳高第三跳遠第二
Girl athletes of the Chi-nan Univ. Tennis expert Miss Lee Lien, 3rd. high jump and 2nd. broad jump.

暨大何夢華跳高第一
Miss Ho Mon-hua, 1st. high jump.

暨大馮詠嫻跳高第二
Miss Feng Yung-lan, 2nd. high jump.

暨南大学运动会运动员风采

（《图画时报》，1930）

国人对于足球异常注意，暨南大学足球队与交大决赛前，由陈瑞屏女士为出阵将士献花与队长戴麟经以示鼓励

▲暨南奪得

江南八大學水上霸杯

江南大學體育協會第一屆游泳錦標比賽，于九月廿一二兩日，在徐家匯交通大學游泳池舉行，旁觀者不下數百人，結果暨南水軍以四十六分榮居首席：決賽各項之前茅，皆爲暨軍佔得，尤爲該校生顏不少。在江南諸大學中有游泳池中，祇交大一校而已，故賽前旁觀者，皆謂交大較有把握，以其池屬於彼，而終日練習有素。所得成積，當可鉅於他人，殊知槍聲一起，浪花飛濺，名列前茅者，皆暨南水軍；觀者無不咋舌稱奇，鼓掌嘆服，考其因則暨軍對於此道，斲輪老手，殊不乏人，暑期中青年會舉辦之公開游泳，及春間之叁國運動會，代表上海市出席游泳者，其間重要份子，皆暨南健兒，祇外界未加注意耳，宜乎一鳴驚人，奪江南水上霸杯也。

暨南夺得江南八大学水上霸杯

第一排　持志大夏队

第二排　交大队

第三排　立者暨南队

江南各大學每年例有足球錦標賽之舉十二月十三日三時交通大學足球隊與暨南大學足球隊會戰於真茹球場結果暨南以淨勝九球爲第三年之江大錦標上午十時未開賽前暨南大學全校師生在大禮堂開鼓勵出陣誓師大會校長鄭洪年氏教練吳炎章氏等均有勉詞末由陳瑞屏女士（圖中上左角）爲健兒獻花說頌防在必勝圖爲戰場之一瞥暨南中鋒戴麟經氏（×）射入球門時爲交大守門李寧斯氏（△）救險接得射出對方左翼陳鎮和氏（○）奔前再度回攻（葉品烈）SM

暨南大学健儿参加江南各大学足球锦标赛之动员参赛场景

左为暨南校友、献花代表陈瑞屏

连得两届江南各大学足球锦标之暨南队

暨南交大两校足球比赛场中之暨南女生

参与江大篮球赛之暨南队

夺得本届江大排球锦标之暨南队

暨南女子篮球队

曾冬、何孟华、王兰茵、刘玛琍、陈瑞屏、司徒薇、郑玉芷、郑燕卿

江大五百米第一沈芳夏（中央）、二百米第一吴珠还（中央）、
五十米第一邓名尚（暨大）

邓名尚（暨大）五十米第一

其右刘玛琍去岁曾得上海公开游泳第一

上海江大排球比赛·暨南与交大之竞赛状况

铅球垒球第一王兰茵

铅球垒球第一王兰茵（暨大）掷球之姿势

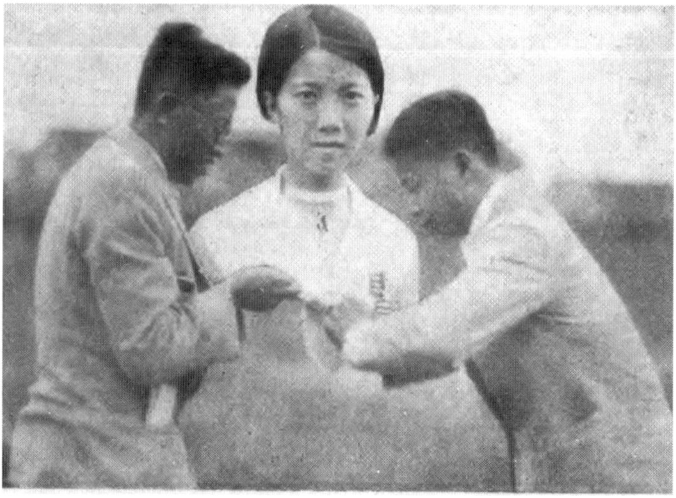

暨南大学运动员风采

大会中维持秩序之暨南女童军

一九三一年江南八大学第一届女子排球冠军暨南大学队

赵伯欢　苏美玲　温月媛　王鸾英　（　　）　陈玉芷　温敬多

钟敏璋　陈瑞云　邓志君　陈新元　谢春兰

暨南女子排球队

何孟华　钟敏璋　张镇和　黄鸾英　（　　）　佘启英（　　）

谭慕英　（　　）　陈玉琼　苏美玲　李玉洁

获得江大女网球个人锦标之暨南钟敏璋女士

暨南选手钟敏璋（单打冠军）与刘玛琍女士

夺得江大女子排球锦标之暨南队

暨南篮球健将陈瑞屏女士、刘玛琍女士

出席江大运动会之暨大女选手

暨大女子排球队得本年江大锦标

暨大女子篮球队得本年江大锦标

暨大篮球队江大亚军

暨大童子军之生活

宫万育君铁球铁饼破江大纪录

暨大学生之暑期生活

郝春德君

此次出席全運會，跳遠以六•九一二公尺破全國紀錄；五項運動以三〇一〇點二九五分亦破全國紀錄，百米亦佔第四位置。

曹裕

此次出席全運會，撐竿跳第二名，成績爲三•五公尺；十項運動第四名成績爲五二四八•七五分。上海此次全能錦標之獲得，得力於曹君之力非鮮。

本校参加全运选手（1）

雲逢章

本校網球冠軍

徐亞輝（中）羅海光（右）顧尙勳（左）

此二君球藝精良，早爲全國人士所共識，上海足球隊得在全運會中奪獲錦標，實出二君之力。

劉瑪琍（右）陳瑞屏（左）

劉陳兩女士擅長各種運動，爲我國女運動員之特出人材；此次上海女籃球隊得獲全運錦標，實得力於兩女士：陳女士任守衞職，劉女士任中鋒職，均有極精彩表現。

宮萬育君

平日擅長鐵球鐵餅，此次在全運會獲鐵餅第三名

本校参加全运选手（2）

自右至左
後排爲：
秦德瑜君
符和萱君
尹貴仁君
王南珍君
雲逢嶽君
巢培初君
張鴻藻君
葉綸言君
周洪綸君
陳彬君
翁德林君
前排爲：
賴作棨君
顧尚勤君
陳鎮祥君
徐亞輝君
羅海光君
鄧漢傑君
丘振安君

本校连得江大锦标之足球队全体队员

暨南附中女生籃球隊，持優勝旗者爲該隊隊長劉瑪莉女士，與光華女生隊決賽時，獨進四十六分，開上海女生籃球賽之新紀錄（陳爲德攝）

此片係沈天白先生寄贈

暨南附中女生篮球队

暨南大学运动健将刘玛琍女士

A Jump to Start
Between Ta Hsia and Tsinan Basket Ball Teams

大夏大学与暨南女子篮球队跳球之姿势

江大籃球錦標賽中女子組暨南劉瑪琍與大夏莊令昭跳球之姿勢　（馮四[illegible]）

Miss Mary Liu of Chinan & Miss Chuan Lin-tsao of Great China jumping in a basketball game.

江大篮球锦标赛中女子组暨南刘玛琍与大夏庄令昭跳球之姿势

健康是人生唯一的幸福。沒有健全的體格。不够做偉大的事業。我國積受數百年來重文輕武之害。以致國民日趨衰落之現象。年來頗有提倡健美學者。然多忽略男性。最無聊的。便是專刊模特兒的雜誌以誘惑青年。本刊以救國先强身之旨。努力於健康上宣傳。以期得到些實惠的收獲。這裏介紹二君的照片。這雄偉體魄與結實筋肉。實為我人所羨慕的

暨南大学学生李君之壮健体格肌肉发达

女子推铅球第三暨南陈瑞屏女士

Miss Chen Jui-pin, the third of shot put event.

女田径亚军暨南队

刘玛琍女士、何孟华女士、温素芬女士、陈瑞屏女士、卢伟珍女士

连执江大足球锦标七年之暨大足球队

江大女篮球大夏暨南鏖战之一幕

江大女排球锦标决赛暨南大夏合影

二名陳輔，第三名江壽敬；；吃瓜子比賽第一名龍自強，第二名張訓隱，第三名王維城，又洪深先生唱京戲(臨時)。各先生藝術極優，各種表演，莫不淋漓盡致；全體均極歡欣，直至九時餘，始盡歡而散

本校運動會給獎盛況

鄭校長親自按名給獎

本校于四月念九日開春季運動大會情形極熱烈，成績極優良，經紀以前校刊。本月八日紀念完畢後，由鄭校長于大禮堂中親自按名給獎，并加勉勵。略云。諸君對於平日體育極爲注意，成績優良，甚覺欣慰，此次本校春季運動會業經閉幕，學校爲獎往勵來起見，特備各種獎品分給成績優良同學。希望各位努力訓練，以期爲校爭光云云。當每個運動員步上講台接受獎品時，全堂均掌聲雷動情形至爲熱烈。

運動會中連得錦標之宮萬育君

(陳其英攝)

暹羅教育考察團來校參觀

本日八時并在大禮堂演講

暹羅來華考察團於日前抵滬，上海各報，經已登載。茲悉該團定本日來校參觀。本校校長特請該團團員暹教育部秘書披耶偉雪先生及暹文國華日報社長陳文添先生演講。屆時當有一番盛況云。

本校教職員捐贈航空協會

本校鄭校長受中國航空協會上海市徵求隊吳總隊長之聘請，于上月分向各院部教職員徵募，除當時應募爲常年會員者三十餘人外；并全體一次捐贈五百元，經在本月二日送交該會上海徵求隊總隊長辦事處，並取回收據矣。

附錄

教育學系讀書會呈報會務經過情形

教育學系讀書會，成立爲時甚暫，各會員咸能力矯前弊，一洗從來立會陋習，以求名實，獲得如是成績，殊堪嘉尚！除特經校長批交本會准予從新登記外，茲將該會成立經過情形呈文一件，附載校刊，以資激勵？

訓育委員會

呈爲呈報會務經過情形，懇請准予重新登記事。竊本會同人均係教育學系同學，念過去研究精神之缺乏，感教育範圍之廣泛，故於去年十一月二十五日徵求二十餘位同學：(一 專心學問；忠實研究；(

《暨南校刊》之一页

上海東華與暨南足球隊

"Tung-hua" and "Kai-nan" Foot Ball Teams of Shanghai.

上海东华与暨南足球队

汪春若女士、刘玛琍女士

课外运动：暨南花淑仙女士

暨南女排球队长钟敏璋女士
（《图画时报》，1934）

暨南排球功臣
陈玉琼女士

江大女排球冠军暨南队
（《图画时报》，1934）

江大足球锦标暨南队

华中运动会：上海中等学校体联会田径运动男子锦标暨南附中队

暨南女排球队长钟敏璋女士

江大篮球女子锦标赛暨南队

暨大征菲凯旋

暨大之战利品

鄺耀雅 (　　) 鄺耀積 陳季明 梅洪寶(指導)

(指導) 郛錫麟 張文治 源則儉(隊長) 司徒閃 陳年錦 余衡之(主任)

国立暨南大学排球队

暨南影像集

黃飛龍　鄭耀雅　王南珍　蔡演雄　薛耀源　司徒閃（幹事）
沈昆南（指導）（　　）彭遠豪　陳天和　源則倫　鄭耀積（　　）余衡之（主任）

本校田徑隊史略

我校田徑隊成立於一九二五年，聘梁官松先生爲教練，進步神速，翌年春，全隊往蘇州與東南，東吳兩大學作三角賽，我隊以三十七分壓倒二東奏凱而旋，是爲我隊首次勝利。

暨大提倡體育，不遺餘力，除積極擴展運動場所，購置運動器材之外，滬上體育名宿余衡之先生，田徑名指導沈昆南先生均應聘來校任教，各項運動，突飛猛進，一日千里，由是我隊每逢參加江南八大學比賽，大小錦標之獲得，如拾草芥，各校聞風披靡，無敢正覷，不數年間便成爲滬上之知名勁旅，與本校籃、足球隊同享盛譽。

自此以後，不論在華東運動會，全國運動會，遠東運動會，我隊均派好手參加，成績亦甚可觀，隊員如符保盧、曾榮忠、郝春德、鍾連基、曹裕、黃飛龍等在運動場上，不斷爲我國爭光，揚名海外，其他如王南珍、薛耀源、源則倫、蔡演雄、鄭耀雅、鄭耀積、陳天和、彭遠豪、呂昆山等亦皆爲一時之傑。可惜當時國內連年兵禍，人民生活不安，政府無暇提倡體育，對於田徑運動之發展更無力兼顧，不知埋沒了多少這方面之運動天才，良可嘆惜！

一九三六年暨大田徑隊在上海市中心運動場留影

資料室

暨南大学田径队风采

和萱（教練） 駱子仁（右後衛） 葉培初（球門） 尹貴仁（左後衛） 沈以偉（幹事）
衛之（教練） 張文治 （ ） 薛雍源 劉國棟 趙鑑平 沈昆南（教練）
年錦 梁耀華 伍樹芬 蔡金才 （ ）

上海各大学暨南大学足球锦标队

連獲兩屆上海市籃球鐵城杯暨南大學錦標隊

朱季林(幹事)　顏逵進　楊敏文　王南珍　蔡演雄　尹貴仁　葉培初　黃兆霖(籃球指導)

溫其尭　鄺耀雅　沈昆南(體育指導)　何炳松校長　余衡之(體育主任)　韓振元　源則倫

连获两届上海市篮球铁城杯暨南大学锦标队

鄭耀雅　吳華雄　記　者　黃紀良　羅吉安　徐　亨　余素馨
蔡國平　朱秀林　沈昆南　尹貴仁　韓振元　王南珍　顏連進
溫其堯　葉培初　尹貴義　源則儉　楊敏文　蔡演雄

一九三六年暨大篮球队南征广州与培正队员合摄

一九三六年暨大员生参加第十一届世界运动会过星与欢迎校友留影

一九三六年暨大员生参加第十一届世界运动会（柏林）过星留影

上海第四届全市运动会大学组标枪第一名暨南王南珍

上海暨南队

本届甲组赛暨南战法商

社团活动

南京时期（1906—1923）
真如时期（1923.9—1937.8）

华侨学生会成立纪念摄影

（《中国与南洋》，1918）

暨南学校校友会第一次成立大会摄影

（《中国与南洋》，1920）

暨南学校学生足球会第四期三大队合摄

（《中国与南洋》，1920）

上圖為暨南商科學生乘年假及課餘與上海總商會商定担任馬來半島展覽會上海義務隊之攝影

马来半岛婆罗洲展览会暨南商科上海义务征集员合影

（《中国与南洋》，1922）

国立暨南大学教育研究会成立纪念摄影

後排：楊文成　史漢扶　莊杰鵠　楊湖僑　張啓明　王榮華　朱子英　楊重輝
中排：張漢宗　陳金培　鐘振亢　陳康國　吳必芳　洪永亮　余羅敏　許榮水　許宗鴻　戴振聲
前排：吳朝宗　林金良　張嘉樹　林涵光　李明祥　葉維德　黃輝德　許志皎　李清華

国立暨南大学菲律滨华侨学生会全体摄影

本校会计学会参观团·苏州虎丘塔

本校会计学会参观团·苏州虎丘剑池

本校会计学会参观团 · 无锡太湖

本校会计学会参观团 · 无锡公园

国立暨南大学经济研究会

国立暨南大学女同学会全体摄影

国立暨南大学商学院会计学会摄影

国立暨南大学西乐队

国立暨南大学西乐队（十七年正月摄）
（《暨南周刊》，1928）

本校体育会书记兼出席江大体育会学生代表高志超君

本校体育会足球部干事韩作霖君

本校体育指导员
梁官松先生

本校体育会足球部部长冯运佑君
（《暨南周刊》，1929）

後排：林金良（幹事） 陳康國 陳金培 余羅敏 戴振聲 史漢扶 許志皎 李明祥（主席）

前排：楊文成 洪永亮 許榮水（隊長） 黃歸德 莊杰鴻

国立暨南大学菲律滨华侨学生会篮球队

国立暨南大学知行学会全体会员摄影

（1930年5月）

第一排自左至右——周　澤　李明祥　王延豪　秦詒來　蔡世英
第二排　顧覲恩　吳聲揚　郭緒綿　吳松生　王希唐
第三排（最後排）　許燮民　馮永青　周雨膏　李覺民　李城元　李　良

国立暨南大学经济研究会

国立暨南大学学生自治会第一届代表大会全体代表

三月廿二日教育部在南京栖霞山附近甘夏巷发掘六朝古墓

参加者有叶恭绰、吴敬恒、杨杏佛、蒋梦麟、中大及暨大学生

国立暨南大学学生自治会第一届监察委员

国立暨南大学学生自治会第一届执行委员

国立暨南大学会计师代办会计出纳室同人摄影

国立暨南大学学生自治会出版委员会全体委员

考察交流

南京时期（1906—1923）
真如时期（1923.9—1937.8）

暨南学校旅行队在无锡惠山下摄影

（《中国与南洋》，1919）

暨南学校教职员欢迎槟榔屿华侨丘明昶君等之摄影

（《中国与南洋》，1919）

上海暨南商科全体职员欢迎菲律宾华侨教育参观团摄影

（《中国与南洋》，1921）

商科欢迎李双辉周幼梅先生

（《中国与南洋》，1921）

暨南经济视察团摄影

（《中国与南洋》，1921）

劝办实业专使总公所同人欢迎南京暨南学校经济视察团摄影

参观纪事门

龍昭文 吳三立 曹朗西 林士警 陳修能 楊昌運 徐乙和 藍昭明（一）
黃日駣 郝耀明 鄭文奎 黎季潛 陳季博 桑名彌五郎 梁美振 藍熾明
（指導員）（日本鐵道省特派招待員）

国立暨南大学商学院戊辰级赴日考察团

国立暨南大学政治学系社会调查团

本校预科春假旅杭团摄于三潭印月

（《暨南周刊》，1928）

游览南京第一公园

(1)胡为姗姗迟来

(2)法邮船将泊岸矣

(3)男女同学巾帽飞扬欣跃欢迎

（4）本校党童军整队欢迎南游队

（5）抵沪矣，球员凭栏远眺

①梁官松 ②陈家球 ③温官茂 ④黄懋任 ⑤童荣文 ⑥傅循仁 ⑦杨保淼 ⑧陈秉祥 ⑨梁官廉 ⑩冯运佑

欢迎本校南游队凯旋

黄懋任　梁官廉　梁官茂

傅循仁 楊保淼 張幹才 莊世鴻 林有興 林貴澄 童榮文 梁官松

梅洪寶　陳家球　馮運佑　陳鎮和　符和萱　陳秉祥

幹事 傅循仁　教練 梁官松　隊長 黄懋任

暨南大学南游足球队

(《暨南周刊》, 1928)

赴柔佛本校同学会欢宴时在该处与老同学合影

在柔佛車站時之本隊隊員與星加坡老同學合影
1. 何寶仁　2. 林邦彥　3. 陳萬安
4. 黃景文　5. 陳雪香　6. 吳邦傑　7. 林弈宜

在柔佛车站时之本队队员与星加坡老同学合影

由星回沪本队诸人与新由南洋各处欲来本校升学诸人合影

本队队员在暹全体合影

本校南游足球队合影

海外本校同学欢迎母校南游足球队

招待华侨教育会议代表摄影假座暨南大学

槟城中华中学欢迎暨南大学南游队

真茹暨南大學華北徒步旅行隊乘暑期旅行華北，昨已抵京．隊員計周庚嚴，楊永祿，彭慶河，起榮光，侯鷹慶，陸康寶，黃光復，共七人

1 全隊隊員 （中銘攝）

2 抵京時在下關車站攝影

3 抵下蜀時情形

4 在陵口小憩時情形 （暨大童軍隊自攝）

按本報現得該隊之允許將該隊此後之行蹤按期在本報披露報告閱者

暨南大学华北徒步旅行队（1）

暨南大学华北徒步旅行队（2）

整装待发

营地全景

营地生活（1）

营地生活（2）

瞻仰明陵

暨南大学足球队与篮球队应菲律滨嘉年华会之邀参加国际慈善比赛

二队队员三十余人，由体育主任陈掌谔氏领队，于一月七日晨全体乘日本皇后号由沪出发，上海女运动家刘玛琍席均诸女士等亦参加欢送，以壮其行

遠征菲島之暨南大學足球隊返滬登岸時情形

The Chinan football team returns to Shanghai from the Philippine Islands

远征菲岛之暨南大学足球队返沪登岸时情形

遠征南洋之暨南大學眞茹籃球隊由滬起程留影（雪鴻攝）

The Chen Ju Basketball Team of the Chinan University, left Shanghai for the Philippine Islands

（右）暨南大學眞茹籃球隊，應菲律濱嘉年華會之邀，前往比賽。右圖爲該隊健兒，上圖爲起程時之送別者。

The Chen Ju Basketball Team

暨南大学真茹篮球队远征南洋

最近赴粤参加南华排球队南征南洋群岛之上海海星与暨南排球队六虎将

关柳珠女士、余素馨女士、刘玛琍女士、汪春若女士、陈瑞屏女士、汪香瀛女士

暨南大学等单位欢送出洋学生大会

←上海暨南大學籃球隊征粤於二月二日與廣州市聯合舉行慈善賽圑爲交鋒前兩隊之留影

上海暨南大学篮球队与广州市联合举行慈善赛前合影

一九三七年国立暨南大学侨教师资班参观团合影

师生影踪

南京时期（1906—1923）
真如时期（1923.9—1937.8）
上海“孤岛”时期（1937.8—1941.12）
建阳时期（1941年夏—1946年夏）
复员回沪时期（1946.3—1951.6）

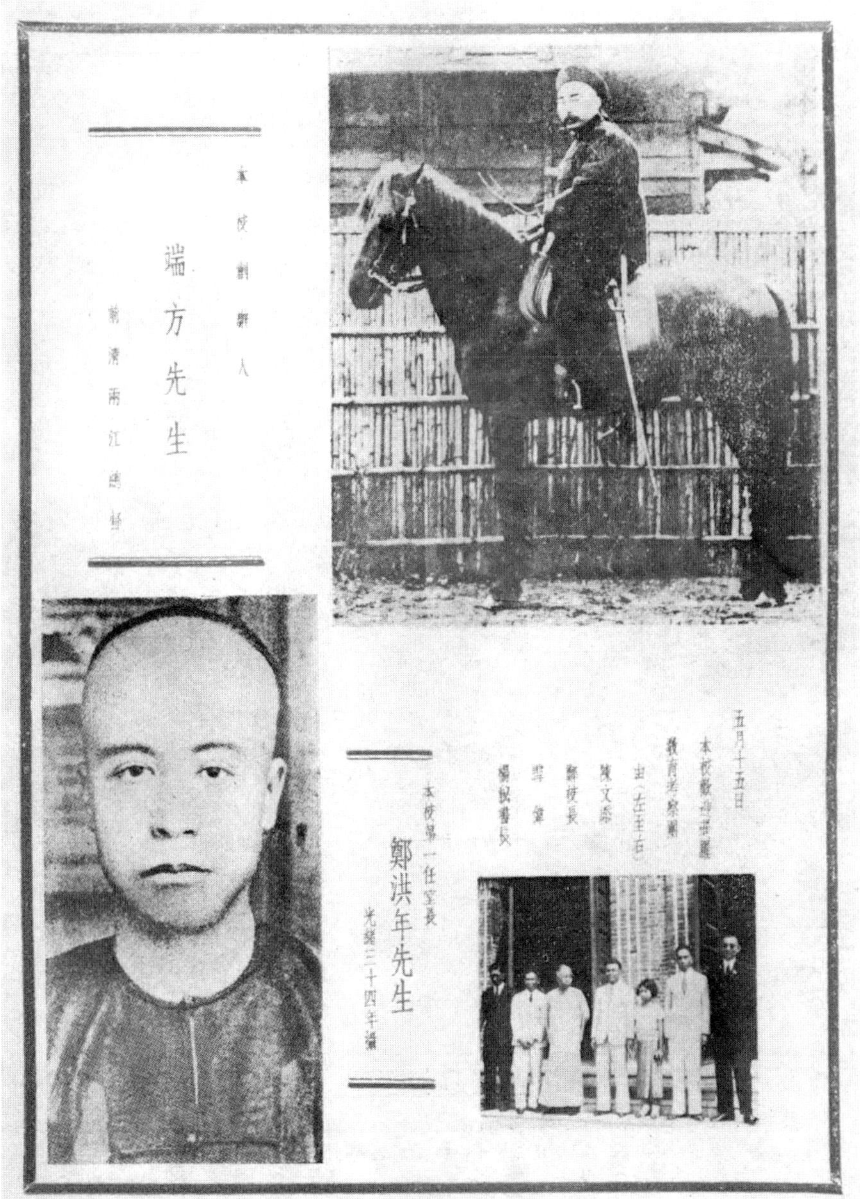

暨南学堂主要创办人及管理人员

攝於南京實業學堂樓下，時光緒三十二年夏。

鄭校長　葉　恢

溫裕春　蔣金鐘　彭庚生　陳後生　張益山　鄒輝寶

陳禮文　黃景星　葉裕和　李全發　傅溪水

（以上諸生之姓名鄭校長至今全能記憶，茲據其所示錄出）

一九〇六年之暨南师生

光绪三十二年底荷属学生出发前摄影，中坐者汪凤翔視学。

一九〇六年底荷属学生出发前摄影

（《新加坡暨南校友会四十四周年纪念特刊》，新加坡暨南校友会，1984）

一九〇七年正月暨南学堂全体员生开学时摄影

中坐者为端方

（《暨南校友会新会所落成暨新加坡开埠一百五十周年纪念特刊》，新加坡暨南校友会，1970）

一九一八年四月十四日本校旅行队与实业家张謇合影于南通

本校师范科三年级学生郭应麟旅行杭州西湖游泳后摄影

（《中国与南洋》，1922）

暨南学校最近全体学生摄影
（《中国与南洋》，1919）

暨南学校女生在南京鼓楼前写生之情形

暨南学校女子部学生朝操

國立暨南大學校長鄭洪年先生近影

国立暨南大学校长郑洪年先生像

暨南大學商學士古逸心君與楊淑影女士訂婚攝影

The engagement of Mr. Ku Yih-sing and Miss Yang Soh-ying.

暨南大学商学士古逸心君与杨淑影女士订婚摄影

暨南大學商學院畢業生
Graduates from the Commercial Department of South China University, Chenju.

暨南大学商学院毕业生

国立暨南大学校长郑洪年先生像

Miss Ku Shu ping, an Oxford Graduate, is the Principal of Bei Zung Girl School and also Professor of English Literature in Chinan Institute and Shi Chi University

蒯淑平女士

英国牛津大学学士，培成女校校长，兼任暨南、持志二大学英文教授

陶性王道新君本校商學士也英年力學和藹可親年方廿三不幸夭折渡洋壯猷未展錦繡之軀徒捐空遺長恨孰不痛心本校於君之一切追悼已誌前數期週刋茲再將君遺像刋出作與諸同學長別之握

吳俊林謹識

（後頁爲名人題詞）

暨南大学商学士毕业照

Mr. Hsia Tso-chow and his family—Mr. Hsia formerly Chie Secretary of the Chenan University i now studying political economy in the University of Paris His wife. wil also leave for France to study education

暨南大学校友谢作舟及家人

前任暨南大学秘书长，后于巴黎大学攻政治经济，其夫人程女士亦赴法研究教育

义校教职员合影

义校教职员及学生合影

暨南大学校友蔡慕姝

暨南大學圖書館前之女生 (吳文華)

Girl students in front of the Library of Chi-nan Univ

暨南大学图书馆前之女生

江蘇眞茹暨南大學學生楊澤蘅女士飾馬來女子裝束 (陳照元)

A Chinese girl in Malacca costume by Miss C· H. Yang, student of Chinan University, Chenju, Kiangsu.

暨南大学学生杨泽蘅

"无事忙"：暨南大学生谐剧化装

大学组拒毒演讲第三名国立暨南大学张国权

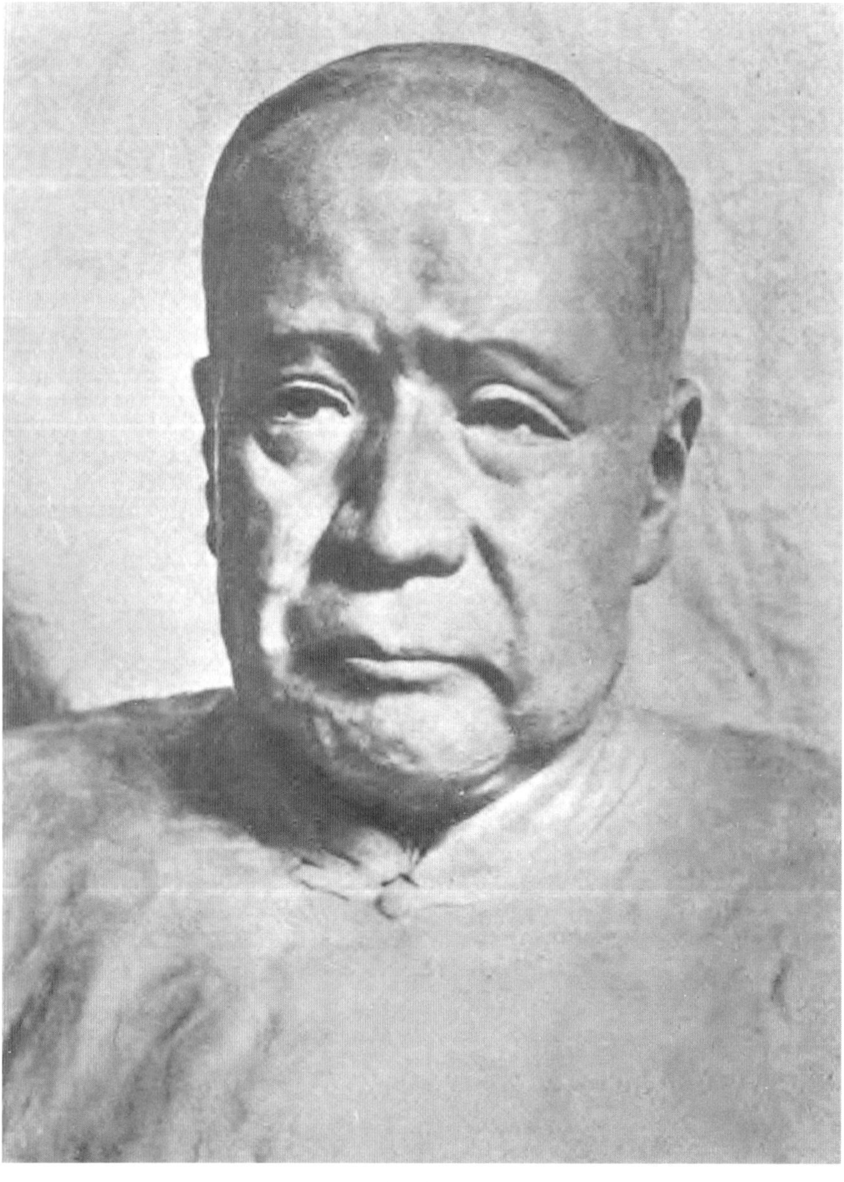

雕刻艺术 · 郑洪年造像

暨南大学教育学院全体师生同乐大会摄影

暨南大学陈瑞屏女士

暨南大學歡迎馮庸 (趙澧)

A welcome given by the Chi-nan Univ in honor of Feng Yung students.

暨南大学欢迎冯庸

暨南大学体育健将刘玛琍女士

暨南大学政治系关逸生、梁天真

暨南大学政治系张武女士

暨南大学的陈瑞云女士（右）、陈瑞香女士（左）

在下面的为顽皮到极点的陈民生君，她们三姊妹自小生长在美国

十九年二月十一日上海特別市教育局上海縣教育局國立暨南大學國立中央大學商學院商務印書館中華書局申報館等二十一團體歡送中央考派留學黨員

暨南大学等二十一团体欢送中央考派留学党员
（《学生杂志》，1930）

真如暨南大学学生及在沪各音乐家组织之韦尔逊弦乐队将于十二月廿一日在夏令配克影戏院公演

郑洪年像之塑成

国立暨南大学校长郑洪年氏，热心华侨教育，近该校特请雕塑家张辰伯氏为郑氏塑一胸像，预备陈列校中，藉表景仰敬意，现该像塑造已大都就绪，不久即可完成。上图即郑氏造像及张氏近影

爪哇女網球明星李氏姊妹花將參加遠東運動會蘭花（將到申）牡丹（已到申）杏花（因事不能參加）蓮花（肄業暨南）
Tennis stars of Java, Misses Jane Lee, Lucy Lee, Gloria Lee & Lilian Lee, are 4 sisters. With exception of Gloria. are all going to join Far East Olympic.

爪哇女网球明星李氏姊妹花将参加远东运动会

暨大健身会会员周炎灿君

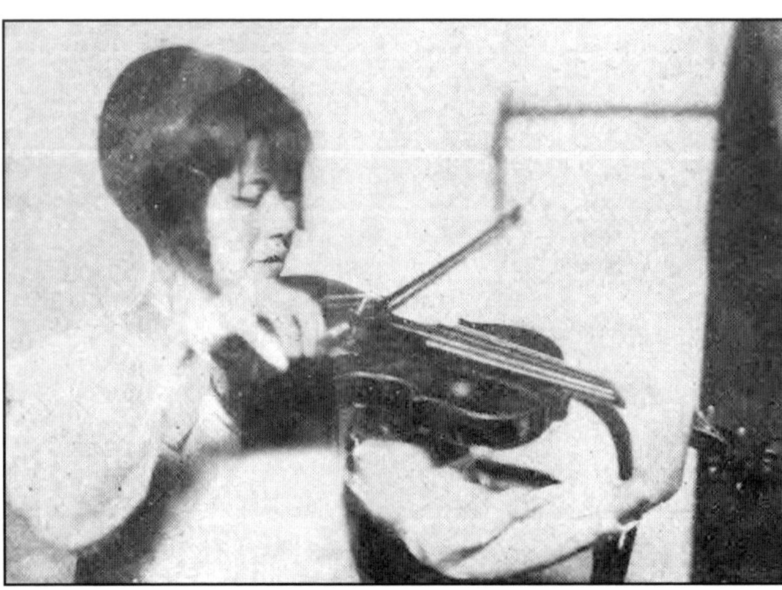

暨南大学黎德容女士

暨南大道两剧社联合公演“最后五分钟”之主角李爱琳

暨南大道合演“婴儿杀戮”中之小女

暨南女星黄耐霜

张秀娥张清娥姊妹肄业于暨南大学

国立暨南大学上海大学部开学典礼摄影

国立暨南大学驻粤大中学部开学典礼摄影

暨南张氏园留影

坐者　上龙蜕庵　下朱古微

立者自左至右　夏吷庵　朱容余　黄公渚　龙榆生　（　）

暨南大学章元杰女士

本校演說辯論會之榮光

本校英語演說優勝者

自右至左黃品長君（第一）鍾敏璋女士（第三）張彼得君（第二）

出席上海各大學聯合會國語演說獲第三名之丁陳威君

本校演說辯論委員會

自右至左前排右爲周新民先生（總幹事兼祕書）中爲劉望蘇先生（委員會主席）後排第二人爲冒景琦君（本校國語演說第一名）第五人爲丁陳威君（本校國語演說第二名）

本校演说辩论会之荣光

代辦會計事務
奚玉書會計師

代辦出納事務
王海帆會計師

暨南大学校友（1）

秘書長

楊裕芬先生

前會計主任

姬灝先生

暨南大学校友（2）

暨南大學體育健將陳瑞屏女士之夏裝

暨南大学校友（3）

暨南何志俊女士擅鋼琴（賀德府）

Miss Ho Tse-chuin of Chinan Univ. skilled in Piano.

暨南大学校友（4）

郭君應麟幼嗜藝術，畢業暨南後，進菲律賓大學美術科。後遠渡重洋，在巴黎國立美術學校專攻多載，得會考獎狀。歸國後任廈門集美學校及美術館主任。今求得其所作靜物及巴黎魯佛博物館寫生二幅。

暨南大学校友作品

抬轎 振華女校劉慧芬女士與暨南大學歐陽禮女士 (韜自強)

Carrying sedenchair. Miss Liu Hui-feng & Ouyang Li

抬轿·振华女校刘慧芬女士与暨南大学欧阳礼女士

暨南大学校长郑洪年先生像

蛰居两年之朱民宝女士又入暨南读书

暨大顾华元女士

一九三六年冬母校篮球队南征至汕头受当地校友欢迎留影
（《新加坡暨南校友会四十四周年纪念特刊》，新加坡暨南校友会，1984）

一九三七年两广同学欢送两广毕业生合影

暨南影像集

暨大毕业耿君平与古昆救济院长刘颂引结婚

暨大畢業耿君平與古崑救濟院長劉頌引結婚於上海青年會行禮時由暨大校花李小英女士（見反面）奏琴觀禮者[illegible]門　（[illegible]攝）

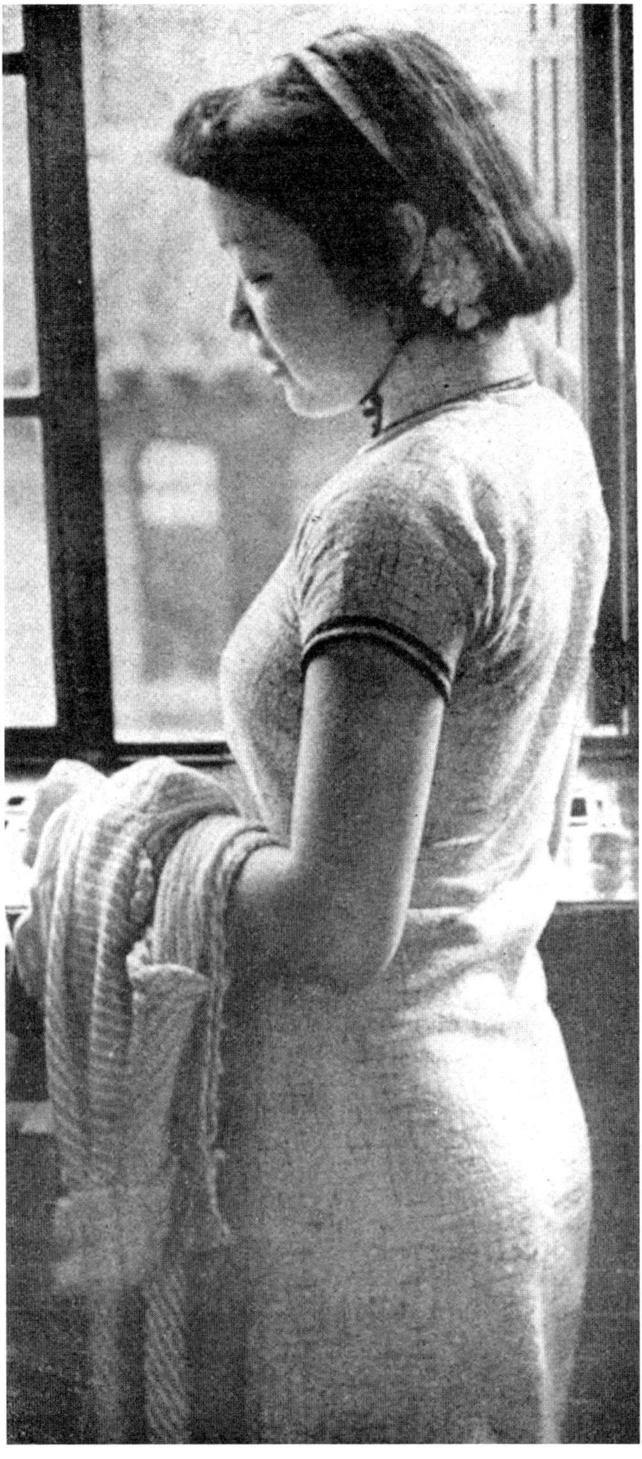

暨大校花李小英女士善奏钢琴

真如暨南大学女生慰绥运动之慰劳品

暨大女同學寒衣援綏運動

吳朝陽

暨大女同學援綏之寒衣

先生：

讓我報告你一件事情，一件給那些特別吝嗇的們聽了也許要慚愧得臉紅到耳根的事情，請讓我詳細地給你報告罷。

爲着應付嚴格的學期大考，無論男女同學都是開着特別快車，絞着腦汁來預備功課的，好容易提心吊膽地讀過了大考，便應該痛痛快快地休息休息了罷？可是我們的女同學卻不肯靜靜地休息，偏偏還要「動」了，這就出乎意料之外了。

她們是怎樣動的呢？和愛人談情說愛去嗎？不是的；到咖啡館去嗎？也不是；勾着愛人的臂膀子到跳舞場所去嗎？更不是。那末究竟她們是怎樣動的呢？

是這樣動的，八個娘子兒買了一本英文練習簿來，在第一頁上寫好了「募款製作棉衣援助綏遠前線戰士錄起」，每個人就先以身作則，簽了自己的名字，五元，三元，二元，一元地慷慨解囊起來了，之後就三人一羣四人一隊地拿着募捐簿去向校長院長以及教授們募捐，再到每座男生宿舍去捐。

當她們在男生宿舍挨門挨戶地進行募捐時，一般愛國不後人的同學，不捐一元也捐五角的，固然很多，但聞風遠在募捐前選邊就預先溜掉避捐的同學也很不少，甚至有的明知是她們來敲門求募了，卻故意關着門躲在房間不作聲，使她們不得其門而入，等她們走了，他們才放心下來。

募捐的結果是三百多塊錢，她們就拿去換了製棉衣的各種材料來趕製一百件棉衣，預備送到綏遠前線去，給爲爭取中華民族的生存而抗戰的英勇戰士們。

現在，大學部圖書館的「閱覽室乙」就是她們製作棉衣的工場，門口貼着「歡迎指導」「歡迎實際參加我們工作」等動人心弦的標語。裏面就是我們的二三十位女同學——站着的，坐着的，拿剪刀的，拿針線的，低着頭，彎着腰，一刀刀在剪，一針針在縫。（也有好幾位男同學加入幫忙。）

寒衣裏放着給抗敵將士的信

31

暨大女同学寒衣援绥运动相关报道

援绥运动沉寂声中暨南大学女生利用寒假赶制寒衣

一九三八级广东留沪毕业同学摄影纪念

杨均球　覃振　李寿春　黄瑞祯　郭进德　司徒闪　陈翰生　林　俊　陈年锦　林　荣　黄文锦
容权焕　源则俭　杨敏文　卓文启　林启文　云逢霖

張歆海

文學院院長
美國哈佛大學博士
曾任清華中央等大學文學院長葡萄牙波蘭全權公使

龍沐勛

國　學
曾任中山，暨南等大學語文系主任

蔣維喬

國文系主任
歷任教育部祕書長及江蘇省教育廳廳長

陳貽先

國　學
前北京譯學館畢業
曾任教育部編審正風文學院教授

耿淡如

政治系主任
美國哈佛大學政治學碩士

萬雲駿

國文系助教
本大學文學士

張世祿

國　學
曾任中國，復旦，暨南各大學中國語文系主任

汪柏年

國文系助教
曾任章氏國學講習會經學助教

暨南大学部分教职员介绍

一九四三级暨大毕业同学与教师合影

左一江之永（理学院院长）、左三周宪文（商学院院长）、左四何炳松（暨大校长）、左五盛叙功（文学院教授）、左六胡寄南（教务长）、左七戚叔含（文学院院长）

（《何炳松与故乡图文集》，2006）

暨南大学第一届级际篮球队队员合影（1944年5月）

后排左二陈福清（体育系教授）、左三何炳松、左五徐淑贞（暨大女生指导员）

（《何炳松与故乡图文集》，2006）

何炳松与国立暨南大学训导处同人合影（1945 年 6 月 2 日，建阳）
（《何炳松与故乡图文集》，2006）

何炳松与国立暨南大学总务会计室同仁合影（1945 年 6 月 2 日，建阳）
前排左一汪秀清、左三俞剑华（暨大总务长、名画家）、左四何炳松、左五俞孝琴、左六金秀仙
（《何炳松与故乡图文集》，2006）

↑暨南大學畢業典禮，中坐御眼鏡者為校長李壽雍。

Commencement Day at Kinan University, with President S. Y. Lee in the centre.

暨南大学毕业典礼

復刊詞

本刊仝人

本刊於民國三十五年十月創刊，當時因經費關係，一度中輟，茲因各地同學之建議，及廣州香港兩地校友之合作，決議增籌基金，恢復出版，值茲復刊伊始，爰將本刊之旨趣及使命，分述如次：

一、協助母校發展華僑教育。國立暨南大學，爲國內華僑最高學府，自前清光緒三十二年創校，即以教育華僑子弟，促進華僑事業爲主旨，刱校四十餘年，畢業校友，滿佈國內國外，尤以南洋各地爲數衆多，本刊今後實應協助母校，闡揚中華文化，研究華僑實況，以推進華僑教育。

二、團結校友加强通訊聯絡。國內及海外各地校友，爲數雖衆，每因工作及事業關係，不易獲敘，本刊自應多載各地校友消息，並刊特別通訊，藉以加强聯繫，敦睦情誼。

三、闡揚學術促進事業發展。本刊以公開園地，歡迎校友及社會學者專家，撰著專論，闡揚學術，以各種研究發明，貢献於各讀者，藉期促進事業之發展。

以上三端，雖犖犖梗概，惟立言以善，實踐力行，則當爲各校友所樂與聞也。

◁李校長玉照▷

南光月刊復刊號

文以會友　友以輔仁

琢磨金石　煥發菁英

吾道其南　茲惟龍象

海山蒼蒼　天風浪浪

李壽雍敬題

李寿雍校长照片及为《南光月刊》复刊题词

童军生活

南京时期（1906—1923）
真如时期（1923.9—1937.8）

南京国立暨南学校第一届童子军初级毕业纪念

（《中国与南洋》，1922）

有×者爲浙江省政府委員及財政委員會主席馬寅初先生

有ф者爲軍團部主任余佑人先生

有△者爲政治訓練員康選宜先生

有米者爲教練員沈愚先生

本校初中党童军团春假露营西湖时浙江省政府委员马寅初先生检阅及训话后与军团干部留影纪念

△　φ　×

有×者爲浙江大學勞農學院院長譚熙鴻先生
有φ者爲本校初中主任余佑人先生
有△者爲黨童軍政治訓練員康選宜先生

本校初中党童军团春假露营西湖时浙江大学劳农学院院长训话摄影

此君來投考本校錯乘快車及見過站不停情急躍下頭胸二部受重傷不省人事者久之經本校黨童軍用帆布床送至醫藥室救治

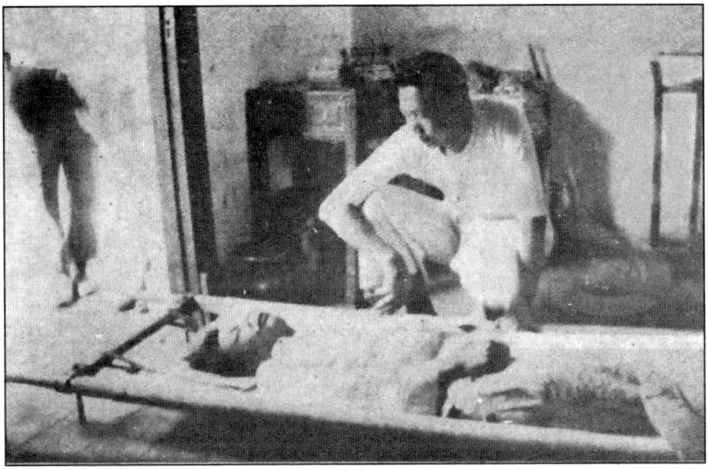

（其一）在醫藥室救治之情形

（其二）以受傷過重送往滬紅十字會醫院

本校党童军救护跳车受伤学生摄影

露宿青陽港生活之一

露宿青陽港生活之二

本校党童军露宿青阳港生活情形（1）

露宿青陽港生活之三

露宿青陽港生活之四

本校党童军露宿青阳港生活情形（2）

本校特别童子军团生活

本校童子軍整鐙待發

本校童子軍郊外試馬（×記號者為教練吳雅各先生）

本校童子军郊外试马

总理逝世三周年本校童子军团行纪念礼时摄影

本校童子军团当陈教练训话时摄影

本校童子军团旅杭返沪车上摄影

本校童子军团教练及军乐教练合摄

搭幕景一

搭幕景二

本校童子军团暑假露营青阳港生活之一斑（1）

烹調景一

烹調景二

本校童子军团暑假露营青阳港生活之一斑（2）

烹調景三

游泳景一

本校童子军团暑假露营青阳港生活之一斑（3）

游泳景二

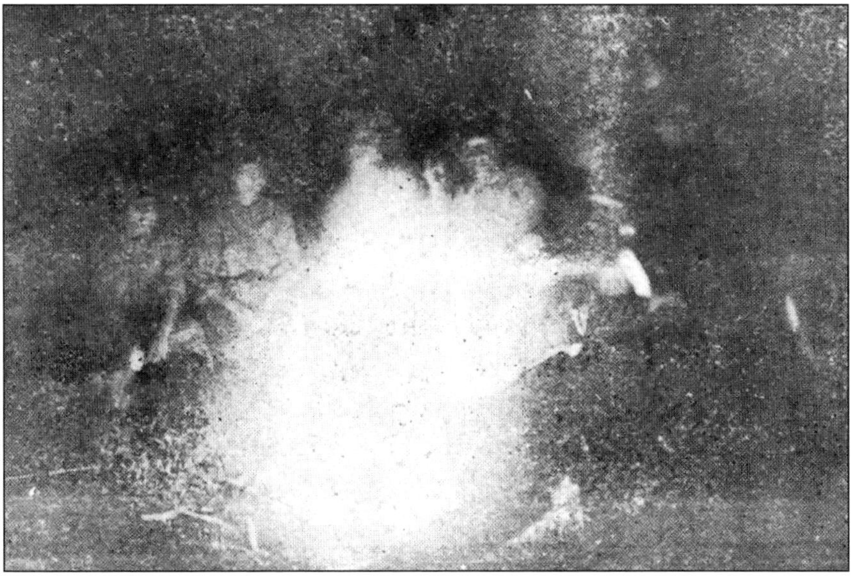

野火熊熊

本校童子军团暑假露营青阳港生活之一斑（4）

山　崐　游　步

山　崐　在

本校童子军团暑假露营青阳港生活之一斑（5）

軍　童　黨　別　特　宴

軍　童　黨　別　特　宴

本校童子军团暑假露营青阳港生活之一斑（6）

臨別留影

別矣恆利

本校童子军团暑假露营青阳港生活之一斑（7）

蔣園之鶴

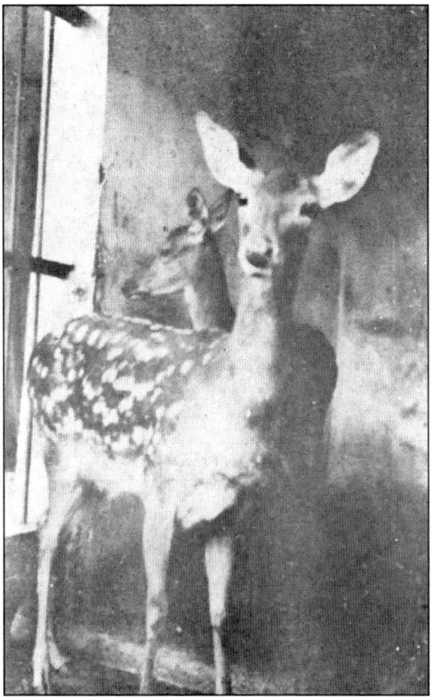

蔣園之麋

本校童子军团暑假露营青阳港生活之一斑（8）

本團健虎

總敎練　　專科敎練

本校童子军团暑假露营青阳港生活之一斑（9）

工作之後

營地全景

本校童子军团暑假露营青阳港生活之一斑（10）

青陽港景一

青陽港景二

本校童子军团暑假露营青阳港生活之一斑（11）

下車擇地

自己動手

本校童子军团暑假露营青阳港生活之一斑（12）

国立暨南大学党童军团西湖露营全体摄影

暨大实小童子军
(《暨南周刊》, 1928)

暨南大學女童子軍之寫生隊「趙禮攝」

The drawing party of Girl Scouts of Chi Nan University.

暨南大学女童子军之写生队

暨南大学女童子军之野外烹饪

上海

暨南大學童子軍之種種生活

吳雅各贈

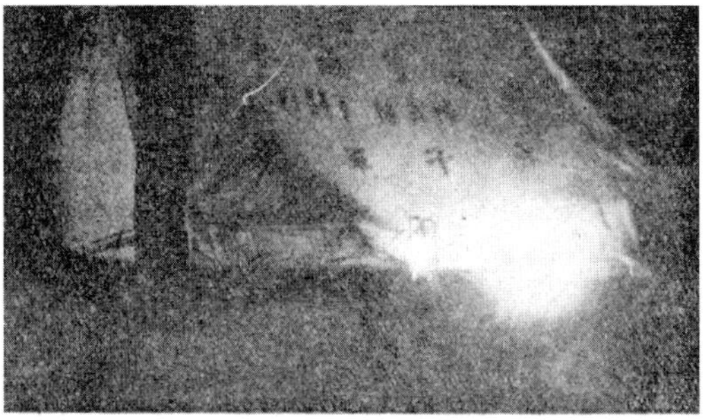

露營野火

Boy Scouts of Chi Nan University outing

旅行杭州 泛小舟於西子湖上

Boating

野外烹飪

Cooking

旅行杭州預備出發步行時攝影

Comrades

騎馬術之練操

Practising horsemanship

暨南大学童子军之种种生活

壯哉此行

上海暨南大學童子軍步行隊過津時攝影

（左）趙棨光 （右）楊永祿

前排（由左至右）黃光復、周庚嚴、陸康賢、

後排（由左至右）趙棨光、彭慶河、楊永祿、侯孝夔、

該隊係于八月十六日全體到津、由大公報館招待、現該隊赴平、不日尚有遼省之行云、

暨南大学童子军步行队过津时摄影

暨南大學童子軍由首都北上時各名人所題獎詞

暨南大学童子军北上时各名人所题奖词

國立暨南大學童子軍組織之華北暑期長途步行隊登泰山頂(上)攝於拱北石上(左)攝於玉皇頂

The North-China Excursion Party organized by the boy scouts of Chi-nan University in summer time. On the summit of Tai-shan (upper). On the Kung-pei rock (left). On the summit of Yu-wang-shan.

暨南大学童子军组织之华北暑期长途步行队登泰山留影

国立暨南大学童子军团之七人去夏作长途步行至华北而返

吉隆坡广肇义学欢迎上海暨南童子军步行队摄影

少年作品

步行南京隨筆

暨中　黃偉南

今年暑假間，有一班天眞活潑的熱帶上南國的少年，年紀輕輕的不過十四五歲。他們決定了志向，從上海步行到南京，經過了十五天的工夫，跑了三四百公哩的路程，沐風櫛雨，風餐露宿，果然達到了南京，滿足了他們的志願。

他們都是渴望着祖國的驕子，而萬里歸來的少年。他們對於這個神秘的故國，都想能夠獲得一些寶貴的東西，再帶回去獻給他們僑居海外的父老　因此他們對於這個所謂「聲教文物」的故邦，常常都是抱了一種好奇的熱望，於是有這次步行南京之舉，藉此沿途遊覽，飽看江南的風土景色，一償他們的夙願。

我對於他們這種求知耐苦冒險的精神，很是嘉許，所以我極力慫恿這位年齡最幼而聰慧的黃君，把他這次步行的感想寫了出來，以供一般小朋友們的參考資料。（金洪誌）

在這個長期無聊的暑假，我居然和三位同學步行到南京去，實是出乎自己意料之外，更是別人所不能相信的，而現在居然能夠達到我們的目的，這是一件很可自慰的事情啊！

然而此行所得的結果是如何呢？在考查方面，我是沒有那種能力去担負的，因爲像我初中還沒有畢業的學生，那裏有考查的能力哩！假使間有的話，無非都是人人共知的事情罷了，這又何必多此一舉呢？因此以下所寫的，都是我的感想，不是考查所得的結果，諸君不要誤會罷！

侯順芳　黃偉南
溫裕和　莊立章

＜暨大附中童軍步行到南京攝影＞

（一）做事要有決心——因爲當我們出發的時候，就有幾回同學對我說，勸我不要去，說什麼地方有土匪，綁票等等阻礙的話，都是叫人灰心冷意的，但是因爲我早已下定決心，不論他是如何的危險，我是一定去的，於是他們也無可如何來阻擋我，直到了現在我們成功回來之後，他們才曉得天下無難事，最怕你沒有決心！

（二）從事實去找經驗——這一句話的來歷，是由於我們從上海北站跑至眞茹車站的時候，遇到了兩回同志，他們看見了我們一行四人，一身行李，於是好奇心打動他們兩位，問我們要往那裏去，於是我們答覆他們，就是要步行到南京去，他們兩位聽了我們的話，一方面在那裏羨慕我們，而一方面在那裏嘆惜，至於他們所羨慕的，是覺得我們小小的年紀，却抱了這種堅毅偉大的志氣，實是有些可佩之點；嘆惜我們的，是因爲我們缺乏經驗的緣故，好像他們指正我們所穿的皮鞋，對於步行是不適用的，因爲假使穿了皮鞋天天跑路，過不了幾天，就會起泡的，尤其是在炎熱的夏天啊！至於其補救方法，照他們兩位的指示，穿草鞋最爲合算且更覺適宜

暨大附中童军步行到南京随笔及留影

No. 43　良友　10

暨南大學童子軍華北徒步旅行記

趙景光

上海暨南大學童子軍七人（姓名詳見本期十頁）組織徒步旅行團；用三個月的時間，由上海到東三省。這當然是青年的一種壯舉：現在把他們沿途的攝影和觀感介紹讀者；相信這幾頁可以使我們對於華北情形更爲明瞭；同時對於邦國增一點愛念。（編者）

「我們在暑假期內，幹一回華北徒步旅行，去不？」每天晚上，沒有功課的時候，我玩笑地對同學發問。

「甚麽，暑氣快要追死人了。」這是每次得着同學底口氣。

這個時候，適值廣州兩個童子軍，步行抵海上，引起本校底童子軍不少興趣。雖在溽暑的夏日，而我也找得同行的伴侶了，七月二日，由北站出發，巍巍烟突，屹立高樓，一秒一刻地距離我們漸遠了。繁華的城市，每每使人們留戀與徘徊，而現在山野底景物，一幕一幕地在我們底眼前經過　又使生不少愛慕之情。

「奇怪，你們到那里去？」

晚上抵青楊港，這是滬甯路上，一個值得羨慕的地方。水深濤晰，每當晴天晚色，碧綠平鋪，或與紅霞掩映，在優美的東南風景之中，得此娛人景物，益生趣緻，本校同學在假期中，到此野宿，游泳者着實不少，他們見我們跋涉到來的時候，未明其故不免相顧愕然。

夏日多雨，本來是漂泊的人最苦的一季，第三天，黑雲蔽天，旣而大雨傾盆，無知的自然，從來不懂人們底苦痛和快樂，今天牠要把新的狀況，給我們嘗試了。

「……怎樣？」我們之中一個發問，作商量的口氣，

「怎樣！向前進罷，天下間那樣能阻止人們想做的事呢？」有的故作張大其辭。

天依然地惡作劇着，我們却健步前進。各人雖然穿着很薄的雨衣，也給濕透了。想起今年各地現着天旱的景象，雖則以富于水利的東南地，都有涸乾之勢，「雲霓」之望，早已在無數農民底心頭，總知自然無私，絕不爲少數人底幸福所猶豫，這大約可以安慰這次冒雨的苦痛罷。

我們最近的目的地，當然是南京。沿途底名勝，如蘇州，無錫　鎮江等　無處不值得流連，只因這些地方，已是舊遊之地，所以盡七天的功夫，直向首都去，這七天之中，爲是發軔的時期，雖然英氣勃勃，身體上未免感覺不安，況且又過了兩天多的大雨，更加給初試的人難過。

「祿叔，你有些疲倦了，看你跑步的姿態……」

「笑話，你留心你自己脚上底水泡罷……」

「……………」

我們又開始頑笑了。祿叔是楊永祿底綽號，他本來很跑得路底一個，不過拿他開頑笑罷了。

「……今日太晚了，請不要去，明天再起程罷……」第六天晚上，我們到高資車站，得到站長誠意的忠告：

「這裏的道路很崎嶇？」我們當作平常的規勸看待。

「道路崎嶇不要緊，最怕的是……」站長用一種含蓄而遲疑的語氣。

「這裏不是很近首都麽？」我們再問站長一句。

「……再去不？」我們轉身過來自己商量。

「怕甚麽！」有人發言。

「大約夏天是不怕的。」

「在革命政府的地方，也有這種不良的敗類。」

我覺得這次的討論，像沒有目的似地，各人底話，都離題太遠了。後來終于沒有停留。在黑暗中摸索着，沿鐵道前行，在距下蜀站大約兩三里的地方，兩旁夾着峭壑　鐵道在山道中經過，這天塹似的形勢，很像示給我們以一種戒備的預兆。

「トトトト……………」忽然聽到密似爆竹的槍聲。

「眞的，來了…………」陸賢發狂地叫起來，有點機警的樣子。他是我們中最小的一個，有點小狗似的脾氣。

「……　……快車剛在那邊來哩」周庚嚴很鎮定地回答。

鎗聲槖槖地不絕，正像奏音樂底節奏歡迎我們向前去，這班未明瞭死生

泰山五大夫松

出發時同學歡送合影

泰山絕頂

午睡

（右）在南京工商部與校長鄭洪年（中立者）留攝

暨南大学童子军华北徒步旅行记相关报道（1）

底快樂和痛苦的人們，竟冒險地，沒有停止他們底脚步。於是我們議妥一個較善的方法，先派一個先遣隊先行去打探甚麼事，這些職責于是由我担當。

「口號！」

「學生。」

我聽了喝令之後，仍然不曉得是甚麼作怪，在慌忙急速之中，只得照實回答。不久就跑了幾十個兵士到來，心中纔有些安定。可是他們將我送向營裏去，綁在樹旁，全身查搜幾遍，後來我的同伴也被捉着，同時曉得是兵匪交戰的事情。

到南京了。這是在漫宿路上，最後的一天。江南風景，如何地留人，竟使我們在這裏住了七天。回憶總理奉安底時候，到來參加典禮，僅壹月間。舊地重遊，愈加依戀。每念先人人格之偉大，德澤之淵深，益使吾人敬仰。況且在民生凋敝之際，人民『救死惟恐不贍』猶能竭全國之力，建此偉大墳墓，以安葬前人，這正能表示吾民族底堅苦忍耐之精神，在困苦中猶能成莫大的事業，將與雄壯的山河，永垂不朽了。

泰山日出

冒雨參觀濟南千佛山

（二）

人人盡說江南好，
遊人只合江南老。
春水碧于天，
畫船聽雨眠。
爐旁人似月，
皓腕凝霜雪。
未老莫還鄉，
還鄉須斷腸。

這是舊詩人韋莊的詞，他距現在大約有千多年了。在時代推移中，舊經濟社會底組織，已陷于崩壞的今日，加以連年戰爭，實無一片樂土可言，然而離開了這個富庶的地方，倒還覺得這首詩是真理。

十七日，我們渡過長江了。在浦口直進，還是大江底沿岸，不覺得甚麼荒涼，經過三四天後，漸漸多山了。五日後抵滁州，這裏最惹起人們注意的，當然是醉翁亭，牠雖然不是歐陽修時底舊物，然而也能引起我們無窮底興趣，回憶「舟車商賈，四方賓客之所不至，民生不知外事，惟安于畎畝之間，以樂生送死」底句子，不圖數百年後，還是一樣底情形在我們底眼前！

沿途大啖西瓜

當我們沿着津浦路走的時候，見每次上下的貨車，每列車上載着貨物和畜牲，而在車底的鐵條上，和列車底上面，竟臥着無數的貧民，為甚麼他們像沒有靈魂似的——雖然人類不知道有沒有靈魂，竟儕于豬狗不如之列呢？

三日抵徐州，這是四省——蘇皖魯豫——交通的要樞，也是軍事上底重地，自從過了江北之後，我們最容易感覺的，是水果少見，這裏竟是例外哩。桃，李，柰等價目甚相宜。長途征逐，烈日炎炎，見此可口宜人之物，當如何慰老饕浪客底心腸，于是在這裏留了兩天，二十五日再行。

四千年文化發源之地，也曾做過像天之驕子的人們，快將和我們見面了，我們入了山東之後，最使我們急于游覽的，是鄒邑孟子底故鄉，和曲阜底孔林。這兩地廟宇的莊煌偉大，尤以孔林為最，都可以代表封建時代遺物底魄力和尊嚴，然而政體改造之後，還有號封山的存在，這是令人最所不解的。

「看這班小孩子，很像僂孕一樣，」黃光復最能注意所見的人物，在每每使人忽略的東西，他都能從這裏發現堪發噱的笑話，

「小孩子，你們天天食甚麼東西，」他又很瑣碎地對小孩們發問。

從來沒有見過外來人的大腹便便的小孩，見傻瓜似的人在路上亂撞，他們已經有些畏怯驚奇了，那敢和這班白相人對話呢。後來我們從旁人聽得說；這裏的人們窮極了，連麵也沒得食，每天只食瓜度活的。這正與我們沿途所見的農民沒有衣服穿的苦況相同。想起張宗昌在這裏底時候，預徵錢糧至民國二十年纔，覺起我們國民大部底生活費，已經被內戰底火藥耗費去了。

「朋友，這裏底地皮沒有了，不是北風刮剝，不是黃河汎濫，只是人們底惡作劇啊！」

「不要說民主不民主制度，只希望在武人的壓迫下，給人民一點生存的留希就好了。」

我們實際上沒有研究過高深的政治思想，也不甚了解最新的潮流，只見得眼前社會生活，已陷于萬劫不復之地，因而發出許多牢騷。然而這樣是沒有用的，

（續見第十六頁）

五三慘案時為日軍擊毀之濟南城

濟南城站

暨南大学童子军华北徒步旅行记相关报道（2）

華北旅行記（續自十一頁）

人類天天在這裏努力着，奮鬥着，多數的民衆，雖然沒有哲學家們這樣長于理想，也沒有詩人們這樣會用感情，只像蚯蚓在泥中，渾渾地自然找得出路，實際上在我們底國裏，那處不是食人民底膏血的地方，不過這裏容易感覺到罷了。

從曲阜到泰安，土地特別肥沃，物產豐盛，茄瓜之類，比平常大兩三倍。在離孔子數千年後，還像找出春秋底時候，主要思潮，爲甚麼要產在魯國底痕跡。八月一日抵泰安，計起程至今，已有一月，我們達到泰山脚了。泰山是五嶽之一，計自脚下的斗母宮至最高的玉皇頂。約有四十餘里。羣山連綿。孤峯卓拔。我們抵此間。痛快如何。惟東望黃海。海大茫茫。和風浪底頻盈。西瞻中原，征馬塵埃。鎗砲煙火橫蓋之日。當內亂頻仍，外侮緊張底日子，又誰不痛哭流涕呢。我們在這裏過了一夜，明晨觀了日出之後，折回泰安，再沿鐵道向濟南進發。

在這途程中，最令我們觸目驚心的，就是將家莊，這種事跡，中國人永遠不能忘的，就是當去年北伐軍進展底時候，日本竟出兵佔我膠濟鐵路，砲擊濟南，追擊北伐軍至這裏。從這裏望去濟南很近了，只費半日的途程便可達到。濟南經過這次大屠殺之後，大約蕭條了許多。我們到這裏時，頹牆毀瓦，一一可見。

現在日兵雖然退出了，可是創痛永久留存。我們看到東門底城門橫額上書着：「誓雪此恥」，兩邊：「你看見麽？」；「你記得麽？」。凡這些，都是我們國人應該警惕的。近年來外人持着不平等條約，戰艦在我們底內地航行，隨意屠殺我國人，已不止一次了。究其明目張胆，直用侵略行爲，殘暴手段，沒有利害過這一次。看他們發砲至二千九百二十七發，我們死了八千餘人；傷二萬人；燒燬民房六百餘間，痛定思痛，豈能忘却這空前的奇恥大辱！吾國人乎！其能忘此國恥乎！茲因感慨無窮，再錄一詩：

與從臨東出發之全國步行隊郭錦輝何琼國二君合攝於天津總站

在天津與傅作義司令合攝

浩刼後到濟南

不要按劍憑欄洒淚，
那肯把英志躊躇
國難相因，
男兒只願捐數尺微軀。
痛哭長歌何用處，
惟有佩着鎗向前去！
救神族于危亡，
光榮將永垂于人類。
頹牆毀瓦，
無時不會攪亂我們底心頭；
這些永久留存的東西，
那能用人工消毀或埋藏。
熱血方張，心痛益烈，
回顧中原鼎沸，
同胞骨肉橫陳，
知外侮頻仍之有因。
當立在城門一城，
鮮血還似在那眼漂流，
野狗不如的弱國人命，
還想哀呼求憐！
志士！請不要
虛擲蹈顱，
留作爲民族爭
生存之用啊！
新時代的潮流
方張，
正古國危機吃
緊之日了。

民十八，八，六
于濟南

帶着沉痛遊玩三日，天正陰沉下雨，掩映着我們底心，在這裏遊了大明湖，千佛山之後，共三天，沿鐵路，又向北方去。

北京萬壽山之十七孔橋

（三）

「料不到，這裏有這樣適口的東西。」

我們沿着黃河鐵橋，過了這浩浩的河流之後，又換了我們底興緻，這回途程中，有種特殊而便宜的食物，便是燒雞，牠只費三四十個銅元，便可得一隻，我們見了這些新奇的物品，各人都有同樣的感歎，每到一個車站，都各執一只，緩緩地咬着走，很像古代野蠻人，在熱石上炙熟走獸，就執着喫食一樣，這種風味，的確使我們難忘，現在說起來，還像口有餘味，及抵德州，又有一種特殊的西瓜，形似青欖，叫做橙橈瓜，更飽口腹。

河北的人民，生活比較山東像好一些，他們都有衣服穿了，或者可以說他們是「斯文」些，我們到這裏的時候，適值永定河水災，天津的郊外，已成一片汪洋了，沿往北甯路去北平所見，更覺滿目荒涼。

「天呀……」有些婦人在路旁哭着。

（續見廿四頁）

天津南開大學

北京清華大學

萬壽山之銅牛

暨南大学童子军华北徒步旅行记相关报道（3）

No. 43　良友　24

華北旅行記（續自十六頁）

「哈，哈，看她們哭甚麼？」有人不關痛癢地問着。

「……不要這樣笑人家，你真的不知人的生死了。」第二個很帶正經的樣子對答。

「或者她底丈夫，兒子給水淹死了，為什麼她們在這兒哭。」第三者用推測的方法，求出牠的理由，然而不敢確定。

我們無論看見什麼事，都起來爭吵一頓，一人有一人的意見，總不能找到真確的結論。這種脾氣，是青年人慣有的一件。原來她們所哭的，不是因為甚麼事情；也不是因為死了丈夫或兒子；只因為盡年勞動所希望收成的東西，現在已經被水沖去了。想起前勞無功，來日大難，誰不悲痛？不懂世故的人們，竟不能體察到這些小件，我們倒有點慚愧。雖僅坐在高樓大廈的人，不懂得穀是由農民的血汗換來的啊！

北平——偉大的古城，做過數百年封建勢力根本的依附地，將永久留為詩人文學家吟詠感慨之所了。從濛瀧的霞光遮蓋中，帶着青藍而隱約的城垣，在相距好遠之中，遠遠地示給我們看。牠的確沒有像上海底黑烟飛舞，汽笛狂叫；只像永遠睡着幽靜純美中。從來沒有人驚過牠的甘甜夢。雖然帝皇的繁華驕貴沒有了；政客的豪富放蕩被搖動了，可是這個永遠睡着的古城底英魂，未曾受人呼醒過，正這像這位古國底靈魂一樣，臥在大陸上任人宰割與踐踏。重步的遊人，健行的旅客，當心地，不要驚醒這在熟睡中的人，八月廿一日下午二時到步了。

北平的風景，都是濃厚地代表過去的勢力底產兒，第一天，我們遊覽北海。北土炎熱，得此消閒，亦一勝地，沿堤古柳蔽天，道路宏敞，五龍亭與白塔對峙，掩映成趣，九龍碑更饒美術風味。若乘划子，穿插于荷花蓮葉之間，婉如飄身仙境。昔日帝皇以全國供養之力，坐享其成，而今日如何哉？在北平遊玩兩星期，中海，南海，故宮，天文台，香山，碧雲寺，頤和園，玉泉山，中山公園，和參觀各大學，次第竣事，以北平之大，風景之佳，時間匆匆，未感時不足，每天食了早餐之後，輒遊玩到晚，竟把午飯忘却了，又不勝有求飽眼福而忽略口福之歎。

唐山礦中國自製火車頭之第一個

唐山啓新洋灰廠

（四）

依戀地留滯在故都，十多天已經不知不覺中過去了，我們底目的，亦已達到大半，惟是最後底目的地——遼甯——尚未達到。凡當這中俄外交緊張之際，我為好奇心所驅使，必要到東三省去。可是時光永遠不為人留住，悠悠的假期又將過去，各人為求學底前途，那肯犧牲有用的寶貴光陰呢？但是我從來有種不近人情的思想，覺得天天在書室裏做書蟲是沒中用；只願眼裏見過多些實際東西，因為在這各種禁如的社會，甚麼理想對我都沒趣味，免了為奔于推理想的聰明的著作家們所欺騙，看多點真的社會形態是件很好的事，這總是從來自己覺得的，也不知道對不對。

「綠叔，你到東三省去麼？」

「你去我就去，」

綠叔是個富于求知的人，每每為好奇心所動，而且帶一點勇敢的熱情，我們底伴，侶經過了幾度商量之後，有五個從從漢口返校，趕着開學的日期，只剩綠叔和我兩個，再作長途的漂離之客，長途作伴，一旦分離，又生朋友至情，覺起人生無定的感慨。他們乘平漢車直下，我們再返天津，由天津步行出關去。

氣候底轉移，是時光流徙底徵象，涼風習習地吹着，證明酷暑已經過去了。萬里漂流，又過着黃葉紛飛的初秋，景色動人，究竟達到甚麼程度呢？自離開了天津由北甯路去，都沒有炎熱難過的氣候，在這遠程中，又得着海風的鼓吹，愈覺涼快，一日後，風景又一變，這和從前不同了！右便底海洋漾着，無不時現美麗而可愛底形態；左使底山林田野，却靜悄悄底伏着，任行人們在牠們底面前經過。

唐山開灤礦遺棄之煤渣山

自天津起程後，行了兩天半，又達到唐山了，這是我國產煤最著的地方，大約無論那個都知道罷，在工業幼稚的國裏，自從江南起程，兩月所見，除了城市底商民店夥外；都是純善而帶些柔和的農民，半裸的或全裸的在田間各自勞作着，沒有看過一次較大規模共同合作的地方，今天來到這裏，可謂差強人意。

「請換『衣服』，然後可以進去，」井工監工殷勤地招待，並且穿礦衣給我們，

「索——索，索——索：：：：」這是我們在升降機內感覺的一種聲音，在這種急際的東西裏，很像有時升起很快，有時而急遽地降落，有時竟停止一秒鐘——可是牠沒有升起過的：：：：我們快要暈倒了，幸而沒有暈倒。

升降機一落二千呎深，到第九煤層的礦內才停止，雖然離地面有二千呎深，但空氣新鮮異常，因有機器把空氣打下和抽送，沒一刻停留的。礦內裏底總道，大約闊有丈餘，高有八呎，沿途電燈輝煌着，很像大庭裏黑夜底燈光，其餘支道很多，有長至四哩外的，黑暗而難跑的，有的屈着腰才能過去，工人持着特製的火油燈，在裏面鑿着煤，採得的煤，由小車載着騾馬拖向起運機那邊去；太低的路，不能行騾馬的，由人推進去，小車皆在軌道上運輸的。

「：：：：又壓死一個工人了，」我們聽見一個工人很平常地對監工報告，我們很覺驚惶不安着，

「去看看他：：：：」監工也很平靜地說。

在礦裏面，最危險的事，就是煤塊崩陷，所以工人鑿煤到相當的時候，要把木柱去撐住，否則在上的煤層會倒下來的，因為這些原故，外來的人很難給他們進去，我們可幸先在唐山交通大學得了介紹信，靠李君底引導，我得一個比國工程師，得他應允我們下午兩點鐘和監工一齊進去，纔得不致向隅，內面所見的工人，穿着笨重的靴子、

參觀唐山開灤煤礦後在煤井內攝影

暨南大学童子军华北徒步旅行记相关报道（4）

25　良友　No. 43

在同澤中學演講時攝

北戴河海濱沐浴

山海關姜女廟

在水泥交混的路上很慢的走着，逐步地幹他們底工作，這裏底管理很嚴密，工人有一定的號數，不能使他人代替，也不能怠工的，每天底工錢，大約有五角之譜，每日分兩班作工，當我們由礦裏出來的時候，已經像給墨染過一樣。

煤從起重機運出後，由小車推到漏斗去，漏斗底下是煤車卡放着，恰巧盛着倒下來的煤，這裏底車卡和軌道，都是自己製造，不致外求的，我們費了三個鐘頭，才把礦地看完。明天再去南廠參觀，這是中國製做車頭卡最大的廠了，還有做新洋灰廠，也是中國唯一的。

不覺不知地走着，中秋節又在眼前。氣候稍涼，跑路的爽快，比出發時的確有天淵之別，我們爲着找個勝地而過的良辰，以免日後機會難逢的遺憾，北戴河爲最適合不過的。這是北方避暑勝地，旅舍的價錢很貴，大約要百元一月，漂流遠客，那有資格享受這些逸樂的住所呢；可是這時候，這班依着時候而到這裏的人們，很像候鳥一樣，已經走淨了。

「……鄉里，難得，唉，好機會，你們這樣遠到來，請到我家裏住幾天，明天是中秋節了，好機會。……這裏很少見廣東人哩，」盧先生是留在這裏獨一無二的廣東人，他聽得我們今天到來，因念着桑梓的情誼，所以跑來車站懇切地招呼我們。

北戴河避暑最好的地方，是一個凹入的小海灣，左右由東山西山抱着，形勢優秀，沙灘平舖，便于游泳，我們在車站睡了一夜，明天搬到盧先生底家裏去。晚飯後，一齊出去遊玩，坐在石岬(Rocky Point)上談天，月兒徐徐地在東方露出光芒。

「……今天一定好月色的，雖然現在有不少些雲蔽住，」我狂歡地發言着。

「是的，去年這個時候，中國人外國人還很多留在這裏，他們一對一對的擁抱着，多麽甜密的情形，點綴這個良辰美景啊！」從旁有個客人答着，言下有點遺憾的意思。

「今年來，也曾發生過綁票搶東西的事情，所以他們提早搬走了，只剩下十幾家，」又有一位補充着。

勝地良辰，人生能够得幾回呢；光陰一去，永不再來；名勝旣離，難期再會了，想像浮萍的人生征逐，那能定得明天向那兒去？我們今天客地相逢，又初次見面的人客，豈能于「四美」「二難」之中，藉流水底漂蕩相過，蒙主人底殷情招待，長談半夜，至月在中天，人生樂事，還有超過這樣！因而口占一詩：

步行抵北戴河中秋海邊賞月

月兒，你在海潮狂吻之中，
軟柔而溫暖的浮雲被褥裏；
含淚地跳出，
脫離那個濃濁而可愛地方。
爲甚麽要這樣孤寂呀？
豈不爲衆星所遲疑；
而停留踽踽獨行的步武。
進，進，漸漸地到光明而超脫的境界；
糊塗的淚眼；
漸漸地清晰晰了。
然而總不問汝含笑地示給人們，
已經走却的將永遠不會回來。
獨自地個人抱着，
無論何時都得到極樂的愉快。

明晨，我們要離開這個風景淸秀的地方了，向着秦皇島去。秦皇島和北戴河底距離，只十七公里，三個鐘頭就可達到。開灤煤礦公司底煤，是由這裏轉運各地，在這裏看了偉大的碼頭之外，並沒有逗留，於是我們又向山海關去。

歷史上底名跡——萬里長城，也曾做過民族生存上底保障，那個不起羨慕的情懷。當北方游牧民族，屢次無常地傾巢而下的侵略，想向溫和而肥沃的地方找得他們的牧地底時候，這也曾做過保障我們民族底利器。然而時代轉遷，國防重地，已不在綿延在山谷中的長城，可是牠蒼翠色的面貌。像永遠表現着尊嚴而武勇的形態——雖然英雄主義之現在，已成爲過去的東西。

「看怎樣地莊嚴和雄偉，像長蛇般在高山上爬哩，我們過去的精神，的確不可忽視呀，祿叔……」遠遠望見長城，我對祿叔說着。

「不要贊美過去的臭東西了，這是帝王迫逼人民工作底表現，軍閥主義底殘跡，那裏覺得莊嚴和雄偉，只像一堆已經腐敗了的垃圾一樣，可怕可鄙的罷了。」他很新時代地駁我。

我並沒有贊美帝王，也沒有贊美軍國主義，正和祿叔一樣。不過這些東西。在移徙的民族，向定居的民族侵陵底時候，而定居的民族，爲保存自己民族生存之計，所必然發生結果。這種巨大的工程，雖然表現着軍國主義底精神，和帝王底威權，而我決未向牠們謳歌過。

一路走着，望着，我們不住地討論着，山海關已經在眼前。這是在兩旁高山的山道中，長城像斜斜高舉的左右手一般，由山頂直衝而下，到平坦的山谷裏接駁着，成一個小城垣，城樓不甚高聳，簷下橫額上釘着「天下第一關」的板塊。我們再往遊玄陽洞，姜女廟等名勝。玄陽洞是很大的名洞，由洞口進去，可以由後面從山頂

（續見三十頁）

山海關三道關（萬里長城）

與東北邊防司令張學良氏合攝於奉天北陵

與張作相副司令合攝於吉林

暨南大学童子军华北徒步旅行记相关报道（5）

（續自廿五頁）

華北旅行

出來，大約有數十丈長龍，姜女廟是供奉孟姜女的地方，她當她底丈夫出征的時候，天天哭着望她底丈夫回來，後來終于思夫而死去了，現在近處長城崩了一小段，聽說是她哭崩的，這雖然是一段神話，舊禮教社會底產物，也是非戰的寓言哩。這險要的關山，正無名英雄迷身之所呀，回讀陳濤「可憐無定河邊骨，猶是春閨夢裏人」的詩，益覺淒然了，

五

山海關站在山海關之南，我們在這裏睡了一夜，得李段長和劉站長底招呼，無所不到，這令我們永遠不能忘記的。

九月廿一日早晨，我們向前去了，鐵路是破山海關城旁的一段長城出去，我們也跟着鐵路跑的，出了長城之後，海水還像從前一樣，在右邊掩映得非常可愛，由這裏還看見長城直衝下海裏的痕跡。

「你覺有甚麽特別可看的東西呢？」我們入了遼甯境，漸漸地遠了，我很正經地問綠叔。

有甚麽奇怪，這裏的婦女強壯點，沒有關內底這樣孱弱……」

「哈，哈，你甚麽不注意，原來注意到婦女底身上，」我開着頑笑。

「難道說笑麽，這還不是實情？你的心才不知到那裏去哩。」

滿清得入主中國，本來藉着武功，他們民族底體格，比較漢族強健，後來他們沒有移居內地關外的，都還保存着歷史底遺蹟，現在雖則國內無種族殄域底成見，然而欲使民族康健地發展，還應該不要忘記了鍛鍊身體的重要。

秋風微微地吹着，行路的人依舊地跑着，不同的景物不住地變化着，鐵路之旁，現在又不同了，不見悠悠浮蕩的水，不見迷伏在大氣裏而隱約青藍的遠山，這是暢茂的膏粱，高過人面地生長着，在秋風裏現出種種可愛的姿勢，遮掩得使我們不能看較遠的風景。

南口大火車頭之一

出關第五日下午，在青堆子與高山子之間，有一個鄉人模樣的坐在路旁，我們也不十分注意他，當我們行了數十步後，忽然加增到四五十人之多，向我們放槍追着，現在我們不像下蜀站遇着銜躁底時候的鎮靜了，因爲稍稍認識一點社會的緣故，于是拚命地拔脚開步跑着，李奎走出了這個難關。

在青島試乘水上飛機

利哈爾落站

「哈，哈……不知他們死了甚麽人，個個都穿白衣服呢？」綠叔問着。

「真奇怪，個個都是一樣，」我找不着其所以然。

離瀋陽大約有六十里多的地方，由馬三家，與隆店直到瀋陽，田野間底植物很蕃盛，然而在這裏耕種的農民，竟全完是朝鮮人，這是日本侵略東省政策最顯著的表現。朝鮮人底服裝，無論男女都完全素色。我們到了瀋陽之後，還見着日本底中央試驗所，滿蒙館等，中央試驗所，是把東省所出物產加以試驗和改良，滿蒙館是陳列東省所出物產和風俗文化等，內有蒙古包等各模型，可見日本對滿蒙底野心了。

十月四號參觀飛機廠，坐了半個鐘頭的飛機，同日參觀兵工廠，規模宏大，爲全國冠，我們在瀋陽遊玩，共有五天，近來各種建設，頗現着新氣象，東北大學十餘座建築物，同時建設，瀋陽的城坦，也正拆除着，馬路亦頗整潔。

瀋陽最繁盛的地，在西門外，而南滿站的千代田通，反轉比較繁華些，這是日人底市場，普通叫做日本站，華麗整潔，專買各種日貨，凡他們本國所有的東西，都有在這裏出售，這裏有歷史上遺留的東西，名爲砲子墳，內中有忠魂碑，安葬日俄戰爭時日本死了的戰士遺骨，凡日人經過，必向牠行敬禮，這是何等地警人呀。

至滿洲里與前線各軍官合攝（前坐右第二人爲馮庸氏）

青島德國舊砲台

五號乘車離瀋陽，下午七時抵長春，十一時再轉乘車往哈爾濱，六號早抵埠，當我們由瀋陽去長春之間，覺得最驚心的，是日人之在公主嶺所設的農事試驗場，試驗的結果，能把一隻蒙古出產的豬，和外國種的豬交配，由一百磅而變爲一百五十磅。每畝田所種的大豆，能增加多出五斗大豆的成績。四千年以農立國的國家，爲甚麽要達到這個地步？可見講求科學與不講求科學之分，雖小事之微，亦有天淵之別。還論國體的強弱麽？

在哈爾濱居留兩天，得飽嘗松花江白魚的美味，再乘車赴滿州里，這和從前又不同了，在遼甯所見的是多高麗人和日本人，人烟比較稠密，荒地比較稀少，由哈爾濱至滿州里的途程中，多荒山野嶺，廬舍少見，只遠遠地見有些俄國人底鄉村。

十月九日晚到滿州里，明天就是雙十節了，當舉行國慶之日乃正國家多事之秋，我們應覺怎樣呢？雖然是對外而非內戰，可是在邊境軍隊苦戰之日，而內地殘殺如故，這每使有心人真爲國的人們，徒痛哭流涕而不能止了，國慶日這一天，在司令部面前慶祝，用最簡單的儀式，奏樂，檢閱隊伍，攝影……而散。下午，副官，參謀長，馮庸學生軍和我們坐着車去參觀戰壕，由西端起而東北

馮庸大學義勇軍在校中操場所掘戰壕

暨南大学童子军华北徒步旅行记相关报道（6）

行，是日只看了一半。明天再騎着馬由東端起向西北行、至昨日止步的地方，計共長五十餘里。戰壕的前面，突起不甚高的土堆，以便枕着手放鎗的。大約容落十人的每段中，有個高的土堆間着。戰壕屈曲地繞過去，這是防止炸彈下來的時候炸發太闊的，倘若這個土堆擋着，則炸彈只可炸第一段而不能波及第二段去。

「弟兄，你們覺在這裏怎麽樣呢？」我們問着前方底兵士。

「現在不是兄弟自己打自己了，是和老毛——東省叫俄人的名稱——打仗，現在還不算打得利害，將來和某國打仗的時候，才更加利害呀。」兵士們異口同聲微笑地答着，很明白時勢，沒有絲毫痛苦的意思。

前方底兵士，都富于愛國的精神，有忠勇而刻苦的志氣。在戰鬥時受着微傷的兵士，長官令回後方執醫，然而他却說若果一個人走了，戰場上就少了一個人的實力了。都不大願意回去。我國以募兵制度，兵士少受教育而不明瞭國勢，近來私鬥連年，以國家之財，養無數之兵。而其結果，卒供私人底意氣之用，釀成兵連禍結，殃及人民而已。那能見爲國而死去一個。現在我們聽見這樣的話，不禁涕淚滂沱，知以私利而爭奪的古國中，還有人在。他們雖然每天工作二十二小時，只二小時的休息，除了放哨的時候外就要掘戰壕，也沒有一點怨聲——雖然軍隊只應絕對服從。唉！睡在柔軟而溫暖的天鵝絨裏，和投在美人懷裏而高唱國際戰爭的人們亦曾念及前方士卒們的苦痛否？

在戰壕上可以清晰地望見俄國運糧底大道，汽車飛也似地跑過，和隱約地俄國底軍營，沉迷在淡薄的烟霧中。馮庸學生軍住蘇聯中學，軍容整飾，和軍隊一樣的生活：服裝仿日本的模樣，黑色，睡在地下，鎗枝背裏放在床頭，以便緊急時就可以拿來應用；子彈每人二百發，每日兩餐，假如四隻，菜兩人一碟；九時睡覺，日間往掘戰壕，與兵士一同勤作。我們和他們度着同一的生活，過了兩天，甚覺暢快。看他們底奮發，勤作，忠誠，謙愛，一致……無一不可爲我們底模範。試以東南底同學相較，猶有六朝餘風，塗粉傅朱；大好男兒，都帶些閨秀氣味，雖其文雅可風，但不可全日暇了。

十二早六時許離滿州里，在我們還在車上未開之前，時榮忠甲司令的副官，先攜照片等物見贈，可見他們底厚意。當我們會談不數分鐘，榮司令又親自乘車到站歡送，我們于是下車，繼而

（續見第卅六頁）

南口萬里長城

煙台海景

廣安嶺隧道口雪景

暨南大学童子军华北徒步旅行记相关报道（7）

華北旅行記 （續自卅一頁）

共在車上長談，當這寒冷的北方早上，得高級長官底親到送行，非有愛民之至誠，決不能辦到，我們覺得如何榮幸呢。近來國民在武人底壓迫下，早己豬狗不如，此行又得遇着愛民的長官，益覺此行不虛。我們看他底溫和態度，謙卑禮儀，很不像是個武官。我們在戰壕裏所見的士卒底忠勇賢明，當有原因。證以此次滿洲里情形，軍民底盡忠爲國，梁司令親身騎馬衝鋒，卒以援軍不到而失守，猶能全體一心，始終不屈，當非一日之功，能這樣感人的。

回來底時候，適值汎太平洋會議；北美代表團低哈爾濱，國民外交後援會開歡迎會，請我們將滿洲里實際情形；向他們報告，給友邦明瞭眞相，然後再回長春轉赴吉林。這裏森林最著，在松花江上，木排順流橫舖，觸目皆是。吉林省會，當然沒有瀋陽精緻。街道還是泥塗，沒有石頭砌着。十八日乘車往隴海，再返瀋陽，十九二十兩日逗留着觀中日德運動會，廿二日往大連。

在南滿鐵路中，不但恨弱國底無能，致把大好山河，轉租他人；而他們辦理底完善，又知他人精神之可佩，這種仇恨，妒嫉，敬佩，……，不覺地攪亂我們底心絃。

「喂，你爲甚麽拿着個相機，有沒有人查問你呀？」我們去到大連青年會後，會長驚呼地問我。

「沒有，有甚麽事啊？」

「這裏是禁止拿照相機行街的；可幸你們沒有給日警看見。」

日人以這裏爲軍港重地，法規至嚴，其虐遇吾人可知。

大連最繁盛的地方爲浪速町，晚間兩旁的雜貨攤比櫛相連，燈火輝煌，觸目娛心。這裏底滿蒙館，規模更爲宏大：內分礦產，水產，農產，工業品等部，各種模型標本，應有盡有。坐電車只費五分即可達到目的地，無論遠近，轉車與不，街道寬宏整潔，均用瀝青填鋪，其經濟侵略手段，可想而知了。

廿六號晚由海道往烟台，略爲遊覽。廿九號轉青島，在船上遇着同江總指揮張力聲；相談同江戰事眞相甚詳。蒙他介紹與飛機隊長相見，又得坐水上飛機一點多鐘，飛到嶗山去。嶗山的山東半島是一個著名的地方，風景幽雅宜人。

十一月二日由青島起程，三日抵滬，這次旅行，蒙各團體的隆重招待，又得鄭校長洪年，中央各委員，及各政府人員，各學校報館底捐助及題字，得完此次五千里的徒步旅行之舉，這是我們很感激和致謝的。

（完）

暨南大学童子军华北徒步旅行记相关报道（8）

暨南大学童子军步行马来全岛之相关报道

图中自右向左：（后排）陈志成、谢福友、邓乃灼；（前排）杨邦鲁、石双春、陈映峦

全国童子军大检阅·优胜队暨南童军之军容

中国童子军团第六十四团全体摄影

（《南洋情报》，1933）

后　记

“暨南大学与华侨教育”丛书，原计划分为六集——《华侨教育集》《学人研究集》《暨南影像集》《暨南讲演集》《校史资料集》《图书馆史料集》，由李炳球同志倡议并统筹、罗志欢同志搜集梳理资料并负责学术把关、刘强同志负责编校出版诸事宜。

历经数年，《华侨教育集》《学人研究集》《暨南影像集》首先面世，其他诸集仍待时日。

我们怀着感恩母校、感恩文化的初心整理这套丛书，尽管不敢懈怠，或仍不免鲁鱼亥豕之误，亦盼望方家指正。

丛书的整理出版有幸得到暨南大学校友、校董梁志斌先生倾情资助，在学术等方面受益于暨南大学党委副书记兼纪委书记夏泉博士的研究成果，以及其他众多先贤时俊的学术成果，在此一并致以崇高的敬意和诚挚的谢意。

编　者

2019 年 10 月